KID AU 1ER SOMMET DES ANIMAUX

À Bénédicte

Loi n°49956 du 16 juillet 1949
sur les publications destinées à la jeunesse
helium-editions.fr

N°d'édition : FI 285
ISBN : 978-2-330-13212-5
Dépôt légal : premier semestre 2020

Conception graphique et réalisation de la couverture : Atelier Philippe Bretelle

KID AU 1ER SOMMET DES ANIMAUX

GWENAËL DAVID
ILLUSTRATIONS SIMON BAILLY

hélium

PROLOGUE

KID

JE connais bien Kid. Nous fréquentions le même collège, et 2030 nous vit réunies dans la même classe. C'était en 6e, je crois, mais je n'ai jamais eu sa mémoire. Nous sommes restées amies proches et avons réussi à imposer des rencontres régulières à nos vies si différentes. Si je devais la définir, je dirais que Kid a toujours eu des bras de singe, un petit nez de mésange, des pattes d'okapi dans ses pantalons fétiches et même un brin d'ADN de virus.

Il y a peu, lors d'un énième orage magnétique, tandis que nous sirotions une tasse de thé du Labrador, la lumière s'est éteinte. La panne électrique a duré quelques heures, et ce fut un moment merveilleux. L'obscurité ralluma chez Kid le souvenir de cette année 2030.

L'humanité traversait alors une étrange période. Tous savaient que quelque chose achevait de s'effondrer, que les océans, les forêts, les champs, les villes, les nuages, les pluies, les cailloux, les animaux, les rivières et les plantes s'essoufflaient. Certaines créatures se retiraient, nous laissant déjà seuls, d'autres annonçaient leur départ prochain. Insectes, oiseaux, amphibiens, mammifères, mollusques, poissons suivaient le déclin des plantes qui suivaient celui des territoires épargnés, laissés à d'autres que nous, les humains. Nous savions tous qu'il y avait grand péril et profonde injustice envers les autres êtres vivants de cette planète, nous en étions presque tous conscients, inquiets, tristes ou abattus, tandis que les puissants achevaient tranquillement de détruire ce qu'il restait, plus que jamais à leurs profits. Kid en parlerait mieux, elle qui n'a eu de cesse de rappeler à tous que chaque être vivant a sa place ici, et que c'est le droit fondamental des occupants de la Terre.

C'était une étrange période, difficile mais sans doute nécessaire, pour que l'on change enfin et que le monde d'aujourd'hui advienne. Il y eut trop de casse, on a perdu tant, mais on a su réagir et voir enfin les choses autrement. Il y a encore du travail, mais le vivant respire bien mieux aujourd'hui, et nous en son sein.

La panne électrique concernait toute la ville, plus une veilleuse ne brillait et seules nos tasses phosphorescentes ornaient d'une lueur tiède la fumée de nos breuvages. Après une longue gorgée de thé, Kid avait souri à pleines dents, comme elle le fait souvent, et lâché que ces quelques jours de juillet 2030 avaient été les plus extraordinaires de son existence.

Les yeux brillant dans le noir, elle m'offrit alors le récit précis des quatre jours que dura le premier Sommet des Espèces, rencontre ahurissante à laquelle elle participa. Le prof de SVT avait inscrit la classe à un concours national de journalisme, et Kid, nous représentant, avait emporté la mise avec un article relatif aux langues animales. Elle se targuait à l'époque de connaître le langage des lièvres, des renards et de mille et une autres bestioles, et le prouvait à grand renfort de cris,

« Il y a peu, lors d'un énième orage magnétique, tandis que nous sirotions une tasse de thé du Labrador, la lumière s'est éteinte. »

de raclements de gorge et de gémissements, ce qui nous laissait parfois sidérés par son état mental, mais le plus souvent hilares. En guise de prix, elle avait gagné la place très convoitée de rapportrice du premier Sommet des Espèces, dont la tâche consistait à suivre ce congrès d'une journée, à en faire un rapport écrit et à le transmettre aux classes et collèges en ayant fait la demande.

Tout le monde était très excité, c'était la première fois qu'un tel sommet était organisé, sorte de grande réunion mondiale avec des représentants de nombreuses espèces animales. L'objectif était de montrer que l'humanité se souciait malgré tout des animaux, et était en mesure d'entendre ce que les autres créatures terrestres avaient à dire et attendaient les unes des autres. L'idée ne faisait pas l'unanimité, bien sûr, certains s'étranglaient de rire et d'autres de rage, rendez-vous compte, des animaux ! Mais ce premier Sommet eut bien lieu. En 2030. En juillet. À Paris. Et Kid y était.

Elle s'en souvenait et durant les trois heures que dura l'orage, elle me le raconta. On avait tous évidemment lu et adoré son rapport, mais c'était la première fois que je l'entendais parler de ce qu'elle avait réellement vécu là-bas. De ce qu'elle avait ressenti et de tout ce qu'elle n'avait pu ou voulu mettre dans ce rapport.

Préparez-vous un chocolat, nichez-vous au creux d'un lit, cela me parut si dingue que je souhaite à mon tour vous en faire le récit. Kid ne m'en voudra pas.

CHAPITRE I

DEMAIN

LES yeux fixés vers le plafond où s'agite une drôle d'araignée, Kid rêvasse. Ses onze ans sont déjà riches d'aventures et d'expériences, mais aucune n'arrive à la cheville de celle qui l'attend demain. Elle s'imagine assise à côté d'un panda, d'une girafe ou d'un aigle. Elle bascule sur le côté, emportant sa couette d'un ample geste de l'épaule. Marmotte, coyote et calao ont rejoint ses songes éveillés, et tout à

coup il y a trop de monde. L'inquiétude remplace l'excitation. Elle se tourne de nouveau et s'enroule dans sa couette. Pourquoi tous ces gens qu'elle ne connaît pas ont-ils voté pour elle ? Pourquoi des profs et des élèves d'autres collèges de France, loin d'ici, ont décidé qu'elle était la meilleure ? Ce n'est pas parce qu'elle a écrit un jour un texte sur les langues animales qu'elle est journaliste et la plus apte à couvrir ce Sommet ! Il y avait plein de candidats qui en auraient tiré grande fierté en plus, de quoi faire les malins et blablater à l'infini. Plus qu'elle. Pourquoi tous ces gens qui l'ont désignée n'ont-ils pas remarqué qu'elle n'est pas bonne en dictée, qu'elle n'aime ni l'informatique ni l'espagnol, qu'elle n'est même pas belle ? Ce n'est pas parce qu'elle s'est inscrite au concours qu'elle voulait le gagner. Le prof l'a un peu poussée quand même, elle s'en fichait, elle. Kid tressaille, puis tente de se détendre d'une expiration profonde.

Les marches de l'escalier craquent sous les pas de son père.

– Ferme les yeux, Kid, je sais que tu ne dors pas. Il faut que tu sois en forme demain.

— O.K. Pa, je vais y penser. Bonne nuit.

Pour la première fois, des espèces animales du monde entier seront réunies pour envisager un partage de la planète. Pour envisager *l'idée* d'un partage serait plus juste, mais c'est déjà un grand pas.

« Les yeux fixés vers le plafond où s'agite une drôle d'araignée, Kid rêvasse. »

Demain, elle y sera.

L'idée de voir tous ces animaux et d'essayer d'améliorer leur sort lui plaît, elle doit bien l'admettre, et puis tous ces moments passés avec son comité de soutien ont été chouettes. Mais c'était comme ça, elle n'a jamais cru qu'elle pouvait gagner, sinon elle n'aurait pas accepté de représenter l'école.

Inspiration, expiration, tout va bien. Kid se dit que ce n'est pas drôle d'être à la fois contente et pas, que c'est un peu pénible à vivre.

Elle se redresse sur son matelas, les bras tendus, et cherche des yeux, dans la pénombre, ses affaires sur le bureau : un carnet à spirale en forme d'étoile de mer, un stylo qui fait aussi effaceur, des chewing-gums au cassis et une gourde métallique. Sur la chaise, pantalon et tee-shirt fétiches couvrent le dossier, juste au-dessus de sa paire de chaussures. Elle se laisse retomber sur le lit et reste ainsi quelques minutes à regarder le plafond et l'ombre des pattes d'araignée étirées par le clair de lune.

CHAPITRE II

EN ROUTE

LORSQUE la berline noire apparaît au coin de la rue, à l'heure prévue, Kid soupire. Soulagée de mettre fin à cette attente autant que de se débarrasser de ses parents qui trépignent d'excitation sur le trottoir, elle suit des yeux le véhicule, qui finit par s'arrêter à son niveau. Un homme en costume noir en sort, contourne la voiture par l'avant, salue froidement les deux adultes qui se tiennent la main et ouvre la porte arrière en invitant d'un *Mademoiselle* Kid à y entrer. Un dernier regard vers les yeux mouillés des parents, puis la portière se referme. La berline démarre, cette fois c'est parti, pas trop tôt. Les rues de la capitale défilent, mais Kid est ailleurs, appuyée contre la vitre.

Le chauffeur ne dit mot et ça lui va. Elle peut ainsi se concentrer sur les battements de son cœur, dont le nombre de pulsations par minute ne cesse d'augmenter. Elle s'étonne bientôt, d'un sourire irrépressible qui se propage lentement sur son visage. Elle n'a pensé à rien de drôle, elle a même un peu peur, elle l'avoue, pourtant elle sourit, malgré elle. Et rien à faire, c'est fort et ça pousse à l'intérieur. Kid sourit à ce sourire qui lui échappe et la voilà soudain irradiée d'une joie intense : elle va voir les animaux, elle va être au milieu d'eux, ça va être énorme, elle va être l'un des rares humains présents, peut-être même la seule humaine, est-ce qu'il y aura des caméléons de Madagascar, ses préférés, qui avancent de deux pas et reculent d'un, des poissons-globes qui gonflent dès qu'ils flippent, et des grenouilles du Costa Rica, et des cadeaux, peut-être, distribués aux participants, des tee-shirts ou des porte-clés ? Est-ce qu'il y aura une boutique, avec des trucs à rapporter aux copines ? Elle fourre la main dans sa poche, vérifie que le billet de vingt euros s'y trouve toujours et le tripote quelques instants pour s'assurer qu'il n'en sortira pas.

— Mademoiselle ?

Est-ce qu'elle aura le temps de tout noter ce qu'elle va voir et entendre ? Elle ne sait même pas vraiment comment ça va se dérouler, elle sait juste que les représentants des autres espèces prendront la parole les uns après les autres.

Qu'est-ce qu'elle pourra raconter à ses amis au retour, est-ce qu'ils pourront même comprendre ce qu'elle aura vécu ?

— Mademoiselle, nous arrivons.

Kid se reprend, retire son nez de la vitre et efface avec la manche de son tee-shirt la petite tache de gras qu'il y a laissée.

Encore quelques mètres le long des fourgons de CRS, des camions de transports d'animaux, des camions régie de télévision et de radio, des motos de police, des journalistes et des cameramans, des gardes du corps en noir à oreillette, puis la voiture s'immobilise. La porte s'ouvre et Kid en descend, aidée par un grand gaillard tout occupé à converser avec le mini-micro qui lui frôle les lèvres. Tous deux montent les marches qui mènent au hall, accompagnés par quelques flashs. Ça n'est pas aussi extravagant

« Au-dessus d'elle s'alignent les lettres géantes qui annoncent le "Sommet des Espèces, Paris, 12 juillet 2030". »

que la montée des marches du Festival de Cannes : peu d'humains, pas de stars, peu de public et quelques rares photographes qui ne connaissent même pas son prénom. Les animaux sont passés par-derrière, par l'entrée des artistes ou par la réception des livraisons. Au-dessus d'elle s'alignent les lettres géantes qui annoncent le « Sommet des Espèces, Paris, 12 juillet 2030 ».

La nervosité palpable du personnel inquiète Kid. Elle sait que tout le monde n'est pas pour ce Sommet, on l'a un peu prévenue, mais elle n'y avait pas encore pensé. L'ambiance est tendue et l'adulte qui la mène ressemble plus à un garde du corps qu'à un hôte d'accueil. Elle hâte le pas et tire le grand gaillard par la main. Une fois en haut des marches, saine et sauve, l'atmosphère se fait plus douce, et la grosse paluche la libère pour la remettre aux hôtesses qui la reçoivent d'un sourire d'aéroport.

L'une d'elles la conduit vers un long pupitre où un homme en gilet bleu fluo lui demande sa carte d'identité. Le temps qu'elle la cherche dans son sac à dos, l'homme et la femme plaisantent sur l'odeur « particulière » de ce salon pas vraiment comme les autres et sur d'autres choses qu'elle ne comprend pas.

L'homme photographie le document avec son téléphone, le lui rend et s'adresse à elle pour la seconde fois :

— Bombe le torse, petite.

Kid lui lance un regard interrogateur, auquel il répond non pas d'un mot, mais d'un bombage de son torse à lui, comme dans un mauvais film de guerre, lorsque le commandant passe en revue ses troupes.

Elle s'exécute, puis le bonhomme bleu fluo lui pince le tee-shirt et y épingle un pass. D'abord furieuse de voir son tee-shirt fétiche percé de deux petits trous, elle fusille du regard le responsable, puis jette un œil au badge et lit : « Sommet des Espèces, PARIS 2030, KID, Homo sapiens, HOMSAP002 ».

L'hôtesse lui indique la direction de la salle, précisant qu'une collègue l'y attend.

À peine le temps de savourer l'arrivée d'un nouveau sourire irrépressible qui lui étire doucement les lèvres, et la voilà déjà dans l'immense couloir qui descend elle ne sait où. On lui a dit d'aller tout droit, elle va tout droit.

Des effluves insolites emplissent ses narines sans qu'elle ne les identifie. Des odeurs de cuisine peut-être, en provenance de l'une des portes fermées qu'elle dépasse tous les dix pas. Ça ne sent pas trop bon, mais pas pire qu'au self. Plus elle avance et plus l'odeur se fait forte et complexe, impossible à saisir. Kid renifle deux ou trois fois avec insistance, les naseaux relevés pour inspirer tout l'air qui passe au-dessus de sa tête. Elle croit déceler le fumet de la sueur dans le gymnase du collège, de la punaise sur les framboises du jardin de papy, du chien Scott mouillé après la pluie, aussi. L'air devient presque difficile à traverser tant l'odeur forcit. Voici le parfum des pets de Kevin, agitateur autant qu'animateur de sa classe, puis celui d'un troupeau de vaches en route pour la traite. Kid tressaille sous ces parfums musqués et fauves, et pense qu'elle pourrait bientôt vomir. Des sons étranges parviennent maintenant à ses oreilles : des graves qui font vibrer les murs, des pointes aiguës, des plaintes mélancoliques et des trilles empressés.

Un dernier virage, dans l'air à couper au couteau, et Kid aperçoit enfin l'énorme porte. Narines et oreilles sont pleines à craquer, mais elle n'y prête plus garde tellement son cœur tambourine dans sa poitrine.

Une hôtesse livide, au bord de l'asphyxie et visiblement nauséeuse, se penche légèrement pour lire son badge et lui redemande son nom, comme l'exige la procédure. La porte s'ouvre enfin et Kid reste pétrifiée devant le spectacle qui s'offre à elle.

CHAPITRE III

LE SOMMET

LA salle immense est emplie d'animaux. Les rangées de sièges dessinent des demi-cercles qui descendent jusqu'à la scène, où cohabitent bestioles et micros. Devant l'estrade, la fosse habituellement réservée aux danseurs ou aux orchestres a été transformée en bassin. La large piscine où pataugent cétacés et créatures aquatiques bouillonne tel un Jacuzzi. Çà et là, contre les murs et dans les coins, des sièges ont été remplacés par des perchoirs sur pied ou suspendus, des étagères garnies d'aquariums et de bocaux lumineux, des monticules de terre et de bois mort, parfois percés de profondes galeries, pour accueillir le monde animal.

Les fauteuils sont principalement occupés par les mammifères et les reptiles. Kid peine à comprendre ce qu'elle voit. Rien ne semble agencé, les animaux ne sont pas regroupés par familles, mais dispersés un peu partout. Ils ne sont pas non plus réunis par origine, Africains avec Africains ou Américains avec Américains. Ainsi le Caracal, qu'elle identifie tout de suite car elle l'a vu empaillé à la Grande Galerie de l'évolution, est tapi sous le siège d'un Wombat, entre le sournois Marabout et l'Iguane crêté. Ses yeux n'arrivent à rien, ils ricochent sur les êtres vivants sans réussir à dégager une vision claire de l'ensemble. Quelques fauteuils sont vides, d'autres pleins à craquer. Saisie par ce spectacle ahurissant, Kid se dit que personne n'a pu souhaiter un tel chaos, et qu'un placement cohérent a forcément été prévu par les organisateurs avant que les animaux n'en fassent qu'à leur tête et se posent à leur guise, où bon leur a semblé. Ce désordre la chiffonne, d'abord parce que c'est du désordre et qu'elle n'aime pas quand tout le monde fait n'importe quoi, mais aussi parce qu'elle ne comprend rien à la logique de cet endroit et s'en trouve démunie autant qu'exclue. Kid n'a toujours pas bougé, c'est tout juste si elle respire.

Le doigt de l'hôtesse surgit sur la gauche, pointant une place vide en plein milieu de la salle. Kid hésite encore, mais une ferme poussée dans le dos, juste avant que la porte ne se referme, l'oblige au mouvement. Elle avale une grande bouffée d'air saturé et commence à se frayer un passage dans la foule. À ses excuses et ses pardons répondent grognements, feulements, bramements, hululements, coassements, craquètements et glapissements.

Une fois son fauteuil atteint, elle s'y enfonce et reste ainsi quelques minutes. Ses yeux seuls s'agitent d'abord dans ce corps immobile, puis son pouls ralentit, ses poumons se rouvrent

« Kid peine à comprendre ce qu'elle voit. Rien ne semble agencé, les animaux ne sont pas regroupés par familles, mais dispersés un peu partout. »

et sa mâchoire se desserre. Qu'est-ce qu'elle est venue faire ici ? Elle n'aurait jamais dû écouter les autres du collège. Le cycle de ses pensées négatives est soudain interrompu par un truc venu lui tâter la tête par la droite. Lorsqu'elle trouve le courage de se tourner, elle y découvre un Gibbon attendri qui lui caresse amoureusement les cheveux. L'animal est mignon, ce qui la met en confiance, elle décide donc de ne pas retirer cette main précautionneuse pour l'instant. Sa confusion se dissipe et la salle finit par trouver cohérence à ses yeux : c'est une réunion d'animaux, il y en a partout, assis, posés, couchés, perchés n'importe où, c'est simple, et c'est tout. Maintenant qu'elle a une place à elle, un siège où s'agripper, l'ordre lui importe moins. Ragaillardie par cette pensée et plus libre de profiter de l'agitation alentour, elle sort les affaires de son sac et les étale sur la tablette de bois tirée de l'accoudoir. Elle y dispose le carnet à spirale en forme d'étoile de mer, le stylo-effaceur, les chewing-gums au cassis et la gourde. Un nouveau regard

sur la salle, une main de Gibbon dans les cheveux, et Kid est rattrapée par une nouvelle poussée de joie. Le sourire d'abord, puis bientôt le rire qui devient fou. Libérée au cœur de cette salle, au milieu d'autres créatures, elle émet le cri de son espèce, qui s'en va rejoindre le brouhaha ambiant.

Occupée à aligner ses premiers mots dans le carnet, elle n'entend pas le souffle qui enfle. Il faut attendre la détonation causée par le coup de queue du Marsouin sur la surface de son bassin pour que Kid lève la tête. Derrière la gerbe d'eau soulevée par le cétacé, une fois toutes les gouttes retombées, apparaît une gigantesque planète bleu et vert au fond de la scène, projetée sur le mur. Une musique sans âme succède au chahut. Sur le pupitre, se dresse un oiseau Secrétaire. Il glisse d'un bord à l'autre du meuble, déplacement qui n'était pas prévu évidemment, en attendant le silence. Kid est impressionnée par la hauteur de ses pattes et se dresse sur sa chaise pour l'admirer. Ainsi perchée, elle aperçoit quelqu'un d'autre de son espèce au premier rang. Elle en distingue la calvitie et les mèches de cheveux gris malmenées par deux Capucins hystériques, venus en délégation

depuis l'Amazonie. Elle ne l'a pas vu entrer, il était sans doute déjà assis à son arrivée. L'homme, né au XXe siècle et représentant humain du Sommet, agite ses feuillets de papier pour se donner un peu d'air et s'agace de ses deux fanatiques, secoué par de brusques mouvements de tête. Kid pense en souriant que son discours va finir par s'envoler s'il ne se détend pas. La musique vient de s'interrompre, et sur le pupitre le rapace se recentre d'un bond, ailes déployées puis remisées le long du corps. Silence presque total, si l'on excepte les inévitables gargouillements de ventre des mammifères.

— Chères espèces, chères et chers camarades, chères et chers invités, soyez les bienvenus à ce premier Sommet des Espèces. Chacun dix minutes au plus, c'est court, on a tous tant à dire, mais c'est chacun dix minutes maximum. Le temps de parole respecté fera preuve de notre volonté.

L'oiseau se fige et regarde l'assemblée d'un œil dur. Les plumes dressées sur la nuque, il avance vers la foule.

— Chères espèces, chères et chers camarades, chères et chers invités, soyez les bienvenus à ce premier Sommet des Espèces. Chacun dix minutes au plus, c'est court, on a tous tant à dire, mais ainsi nous écouterons lombrics, mammifères, insectes, oiseaux, crustacés, planctons, mollusques, tortues et poissons. Que soit ici l'occasion de nous entendre, et de rappeler que nous vivons tous sur la même petite planète.

Chères espèces, chères et chers camarades, chères et chers invités, soyez les bienvenus à ce premier Sommet des Espèces. Chacun dix minutes au plus, c'est court, mais soyons à la hauteur et donnons à cette première la force de déplacer des montagnes.

Le Secrétaire hausse les épaules et étire sa tête en avant, murmurant :

— Montagne… J'aurais pu dire *plaine* aussi, ou *mer*, ou *usine*, ou *immeuble*, ou *tronc*, ou *éléphant*.

Perplexe, il achève son annonce d'un petit bond nerveux. La lumière s'éteint puis se rallume dans la minute, cette fois orientée vers le bassin où trempent une dizaine de créatures.

Kid applaudit, mais se ravise rapidement : son claquement de mains a fait s'envoler des oiseaux qui ont effrayé le Mouflon qui a bousculé dans son sursaut la Tortue des Galápagos qui a roulé dans les pattes de l'Ours qui s'est affaissé sur son siège et l'a pulvérisé. Kid se fait petite devant les regards désapprobateurs et baisse les yeux : sa tablette d'accoudoir est vide, ses affaires n'y sont plus.

Elles ne sont pas tombées, elles ne sont ni dans son sac ni entre les fauteuils. Kid regarde le Gibbon, toujours dans ses cheveux.

— C'est toi ? T'as pris mes affaires ?

Le singe hoquette en mettant une pointe de mèche dans sa bouche.

— Non, ce n'est pas toi. Ce n'est pas ça qui t'intéresse.

CHAPITRE IV

CORPS ET BRUITS

DANS le bassin, le Marsouin a pris la parole. Premier des intervenants, il aborde, comme le feront les autres représentants, les entraves et les menaces relatives à la survie de son espèce. Il évoque ainsi les filets dérivants qui les noient en les empêchant de rejoindre la surface pour respirer, puis les blessures aux oreilles causées par le bruit des bateaux et des sous-marins.

Kid peine à se concentrer : comment va-t-elle faire son rapport, sans papier ni stylo ? Elle a bonne mémoire, mais ça va être l'enfer, de se souvenir de tout. Ça commence bien…

Le Requin-Scie, lame dressée hors de l'eau, enchaîne et demande que l'on cesse de leur couper les ailerons. Impressionnée par son long rostre dentelé qu'il promène au-dessus de la surface, Kid se calme et revient dans le monde, à l'écoute des poissons.

Elle est à nouveau déconcentrée par un reflet fugace, au quatrième rang. Un nouveau flash se produit bientôt à trois sièges de là. Kid en est sûre à présent : sa vieille gourde se

« Le Requin-Scie, lame dressée hors de l'eau, enchaîne et demande que l'on cesse de leur couper les ailerons. »

balade. L'humaine se lève, arrache ses cheveux des mains du Gibbon et rejoint l'allée de droite, qu'elle entreprend de descendre dans le même mouvement. Nouvel éclat d'aluminium dans les crocs d'un Serval, et Kid commence à filer le félin.

— Hey, tu possèdes quelque chose qui m'appartient, on dirait !

Le Poisson-Pomme de pin qui s'exprime dans la pataugeoire du bassin l'a entendue héler, mais ne s'interrompt pas pour si maigre nuisance, la moitié de l'assistance ayant aussi délaissé son allocution pour faire des trucs, mettre les doigts dans les oreilles du voisin, lécher les plumes colorées des uns ou tenter de regarder sous les écailles des autres. Ce qui est dit est intéressant, et intéresse les animaux, mais le feu d'artifice de formes et de couleurs des êtres vivants présents dans cette salle l'est plus encore. Chacun possède tant de mystères à interroger : quel est le goût d'une plume, quelle est la profondeur d'un trou d'oreille, qu'y a-t-il sous une écaille, est-ce qu'un bois tient bien sur une tête, est-ce qu'une grenouille colle au plafond, est-ce que la belle peinture métallique de certains scarabées s'écaille au grattage, est-ce qu'un serpent ne cacherait pas des pattes quelque part ? Tous les animaux savent pourquoi ils sont là, Kid aussi le sait, pour parler ou écouter, mais le vivant est si incroyable que l'attention ne cesse de circuler d'un animal à l'autre, d'un corps à l'autre, d'une surprise à l'autre.

Un Pique-Bœuf qui lorgne avec envie les parasites avachis sur la moumoute d'un Ratel se voit sèchement reprendre à l'ordre par le Secrétaire, qui l'a aperçu :

— Chères espèces, chères et chers camarades, chères et chers invités, vous qui êtes les bienvenus à ce premier Sommet des Espèces. On ne se mange pas, c'est la condition de notre parole. On ne se mange pas, c'est notre engagement, on n'y pense même pas.

Déconcentrée par le rappel du rapace, Kid a perdu la trace du Serval. Elle furète sous les fauteuils, derrière pattes et queues d'animaux, puis, bloquée par l'haleine fétide d'un Varan, elle renonce à sa gourde et retourne à sa place. Des couinements, rapidement suivis d'un concert de cris aigus et saccadés, se font entendre : l'humaine se hâte de remonter l'allée et saute sur son fauteuil. Deux grands singes se tiennent droit derrière le pupitre et jaugent les participants. Le

Chimpanzé est nerveux, il balaie méthodiquement l'assemblée de son regard fiévreux et cherche quelque chose. Le Bonobo qui l'accompagne est plus détendu, et liste avec froideur les misères qu'ils subissent, à la manière d'un menu : destruction de territoire, chasse, assassinat, cela va de soi, consommation de chair, déguisements pour rigoler, expérimentation, et même vélos à petites roulettes pour amuser dans les cirques. Le Chimpanzé hurle soudain et scrute une salle figée par tant d'agressivité. L'attention générale est revenue, plus personne ne fait le malin. Le Bonobo le tempère en lui collant une bise sur le front. Kid n'a pas le temps de se décrisper, le regard du Chimpanzé vient de s'arrêter sur elle et une telle colère la glace. Elle supporte héroïquement ce regard, attendant qu'il reprenne sa route et le scan des autres fauteuils de la rangée, mais il ne bouge pas. C'est elle qu'il recherche, c'est à elle qu'il en veut. Elle n'a rien fait, n'a mangé ni tué personne, n'a pas de vélo à petites roulettes, et pourtant il s'attarde. Kid se laisse doucement glisser sur son fauteuil et se soustrait enfin à son regard. Elle sait que son espèce est responsable de tous leurs malheurs, que l'humain est le principal destructeur de la planète, elle le sait, elle l'entend tous les jours, à l'école, à la télé, à la radio, elle le sait et elle le voit, mais ça n'est pas que sa faute à elle.

Une fois au sol, elle rampe et file se terrer derrière l'Ours assoupi.

Elle fait pas mal d'efforts chez elle, trie, choisit, économise, participe à des actions en faveur du climat ou de la planète, défile parfois. Elle ressent un peu d'injustice, elle n'a que onze ans et ça fait des millénaires que son espèce modifie la planète, c'est un peu dégueulasse de dire que c'est sa faute. Et le vieux bonhomme au premier rang, il n'est pas un peu responsable aussi ? Et pas un peu plus ? Alors pourquoi le Chimpanzé la tue du regard comme ça, elle ? Elle sait, elle s'excuse, compatit à fond et fait tout pour changer, mais ce n'est pas elle qui décide, pas encore. La colère a temporairement atténué l'effroi, qui s'est adouci en inquiétude.

La jeune humaine reste là le temps que l'allocution des deux autres hominidés s'achève. Lorsqu'elle relève la tête, elle évite de justesse un essaim d'abeilles venu s'agréger sous le menton de l'Ours barbu, pour le reste de son somme.

Kid, qui ne veut plus retourner à sa place initiale depuis que le regard du grand singe l'y a glacée, se redresse et file vers deux fauteuils vides, dans la rangée d'en bas. S'y rendant, elle surprend un Daman en train de colorier, avec son stylo-effaceur, les bandes blanches d'un Zèbre placide. Interloquée et toujours remuée par ce qu'elle vient de vivre, elle bafouille :

— Tu… Tu fais quoi avec mon stylo-effaceur ?

— Ah, il fait aussi effaceur ?

— Tu l'as trouvé où ? Où est mon carnet ? Qui t'a dit que tu pouvais…

— Le prendre ? Il était par terre, donc à tout le monde, non ?

— Non, c'est le mien, et j'en ai besoin.

— Oui, ben moi aussi, je te le rends quand j'aurai fini mon zèbre.

Kid n'arrive plus à réfléchir.

— Rends-moi mon stylo et mon carnet, j'ai un rapport à faire, s'il te plaît, sois sympa.

Elle tente de reprendre l'outil de force, mais le Daman a déjà filé sous les fauteuils.

Une clameur stridulante lui envahit progressivement les tympans et vibre sous son crâne. Car sur la scène, c'est au tour des petites bêtes, des insectes, des araignées, des scorpions et des crustacés de s'exprimer.

— Nous sommes les 80 % ! hurlent-ils en un chœur. Nous autres invertébrés à pattes articulées représentons 80 % des animaux !

De tous les coins de la salle, des crissements râpeux et suraigus rejoignent la clameur et la gonflent.

— Nous sommes les 80 % !

Dans un bocal, un krill furax s'agite et éructe contre la pollution, la pêche et le plastique.

— Nous sommes les 80 % !

Les sons déboulent de partout, impossibles à localiser, plus encore à identifier. Kid, arrivée à sa nouvelle place, s'y enfonce, les mains sur les accoudoirs, et se concentre sur les sons qui s'amplifient, explosant de-ci, de-là comme des fusées d'artifice, oh la belle grave, ah la belle suraiguë, oh la longue stridulation ! Les grillons frictionnent leurs élytres, les criquets jouent du tibia, les bourdons bourdonnent et les cigales cymbalisent.

— Nous sommes les 80 % ! Nous sommes la nourriture de tous, les piliers de la chaîne ! Sans nous, pouf, plus rien ! Nous sommes les 80 % !

Kid ne voit rien, mais entend pourtant ce monde gigantesque. Ses yeux disent qu'il n'y a rien ici, mais ses oreilles disent le contraire. Elle finit par fermer les yeux, puisqu'ils ne servent à rien, et ouvre ses oreilles comme jamais. Puis, parcourue d'un frisson qui dresse les poils de ses bras nus, elle s'en remet au son et se laisse emporter.

CHAPITRE V

BOUM

KID rouvre les yeux et tourne la tête, titillée par une tempe douloureuse : le Gibbon l'a retrouvée, alangui sur le fauteuil d'à côté, une de ses mèches entre les doigts. Un rapide tour d'horizon de la salle lui fait remarquer le siège vide du premier rang : l'homme n'est plus là. Elle le cherche, ne le trouve nulle part. Il est sans doute sorti, parti aux toilettes lorsqu'elle se cachait sous les sièges.

L'intervenant suivant enflamme l'assemblée, qui frappe, saute ou roule au sol. Qui agite des mains, des pattes, des palmes, des ailes, des queues, des poils et des nageoires, encourageant le Paresseux qui vient enfin d'entrouvrir la bouche. Bientôt une molaire apparaît, mais aucun son ne sort. La salle redouble d'allant et l'animal soulève lentement un bras, griffes tendues, comme pour libérer une vérité qui ne tombe toujours pas. L'eau du bassin bouillonne sous les coups de queue du Marsouin, le rire du Mainate se fait contagieux et la salle se gondole en une formidable ola. Mais toujours rien, le Paresseux n'a pas encore parlé. Le sol tremble sous le sabot

des ongulés, le Porc-Épic fait claquer des bulles de chewing-gum au cassis, puis le Secrétaire ouvre le bec :

— Chères espèces, chères et chers camarades, chères et chers invités, vous qui êtes les bienvenus à ce premier Sommet des Espèces. Chacun dix minutes au plus, c'est court, on a tous tant à dire, mais c'est chacun dix minutes maximum. Le temps de parole respecté fera preuve de notre volonté.

Des vivats et des applaudissements nourris, qui chauffent les paumes de Kid, raccompagnent le lambin à sa place, au premier rang, sans qu'il n'ait eu le temps d'articuler le moindre mot.

Les yeux brillants de tant d'excitation, l'humaine aperçoit le Daman, langue sortie de la bouche sous l'effet de la concentration, et stylo-effaceur toujours en patte. Le rongeur efface une à une les taches noires d'une Salamandre docile. Agacée par le voleur, Kid se dresse et récupère sa mèche de cheveux d'un brusque coup de nuque. Puis la lumière s'éteint.

L'obscurité se mêle au silence durant quelques secondes. Ensuite de froides particules lumineuses surgissent d'on ne sait où, volettent sans réelle trajectoire et se rejoignent progressivement au-dessus des animaux médusés. Couleur néon, elles se percutent, se rejettent et fusionnent, modelant des amas sans cesse réinventés. La tache lumineuse grandit toujours sous l'afflux de particules, puis des formes se devinent enfin. Un tronc, une queue et des pattes. Une tête et bientôt des oreilles. Un renard ? Non. La forme luminescente module son intensité et des bandes plus sombres se devinent à présent sur le dos de la créature. Le renard devient loup puis tigre de Tasmanie, espèce aujourd'hui disparue de la surface de la Terre.

Le fantôme erre au plafond, rappelant le temps où il furetait dans les forêts d'eucalyptus. Les animaux chuchotent, visiblement émus. Le spectre glacial, d'une voix lasse et lointaine, murmure quelques mots et annonce l'ère des disparitions. Il récite la longue liste monocorde des éteints, Dodo, Eider du Labrador, Grand Pingouin, Roussette rougette, puis évoque ceux qui sont partis sans même avoir été nommés, ceux qui ont vécu sans que l'on ne le sache jamais.

L'ectoplasme vacille puis se déforme, redevient loup, renard, écureuil, taupe, poisson, ver de terre, sangsue pour devenir amibe, vire du bleu au mauve, et se disloque. Un dernier

flash lumineux inonde la salle, avant le retour brutal de l'obscurité et du silence.

Lorsque la lumière revient, le Gibbon est là, plongé sur son scoubidou capillaire. Un Zèbre tout noir traverse l'allée centrale et Kid fronce les sourcils : plus haut, Chat et Rat marmonnent, comme amis de longue date. L'humaine, qui ne s'étonne plus de grand-chose depuis qu'elle a franchi la porte, éprouve pourtant une désagréable sensation à les voir ainsi si proches. Lorsque chats et rats s'entendent, dans les films et les dessins animés, c'est qu'ils préparent un mauvais coup, toujours au détriment d'un troisième. Le Sommet, remis de ses émotions, a repris sa vitesse de croisière : l'écran géant retransmet à présent les gesticulations des virus, grossiers personnages. Ils ricanent sous le microscope, provoquent et invectivent l'assistance.

— Nous sommes la petite vie ! disent-ils. Nous sommes mini mais balèzes, les arbres rasés, les eaux polluées, les guerres et la misère, c'est tout bon pour nous ! C'est du tout-cuit !

« Ils ricanent sous le microscope, provoquent et invectivent l'assistance. »

Longue vie aux humains ! Le réchauffement, c'est bon pour nous !

Le concert d'insanités augmente sous le microscope électronique, et le Secrétaire doit débrancher d'un coup de plume rémige le câble de l'écran géant pour les faire taire.

Kid, effrayée par ces vociférations, s'est blottie sur les pattes d'un Manchot empereur, dans l'accueillant duvet. Elle craint maintenant le Chimpanzé, et se tend à chaque évocation de son espèce. Elle s'inquiète aussi de la perte de son carnet, et des discours qui s'accumulent sans être notés, bientôt sa mémoire lui fera défaut devant tant de matière à enregistrer. Enserrant ses genoux de ses jeunes bras, dans la douce chaleur de l'oiseau, elle aperçoit au loin, à travers la forêt de pieds de siège, Chat et Rat toujours complices, rasant les murs et s'approchant de la porte. La sensation désagréable s'intensifie lorsque le Rat entre dans un placard électrique, sous la

surveillance du Chat. Le rongeur en ressort et les deux bestioles courent vers la porte, qui ne s'ouvre pas malgré leurs coups de tête. La panique semble alors s'emparer d'eux, ils insistent et font crisser leurs griffes de plus en plus violemment. Puis le félin hurle, au désespoir :

— Les sales bêtes ! Ils avaient promis !

Une explosion retentit et fissure les murs, soulève les fauteuils et les animaux des rangées hautes, écrase la scène de parpaings, et sature la salle fracassée d'une épaisse poussière de béton.

CHAPITRE VI

SORTIR ?

MANCHOT ?

Kid s'est à peine entendue tant ses tympans sifflent.

— Manchot ?

— Je suis là, petite. Pas de bobo ?

— Je ne crois pas.

— Sors de là, qu'on voie ça.

La fillette s'extrait de sa douce cachette, à quatre pattes, puis se redresse sur ses deux jambes. L'oiseau la regarde avec tendresse.

— Ni plume, ni poil, ni écaille, mais pour le reste ça a l'air d'aller.

— Et toi ?

— Ça va, juste un peu de poussière dans les yeux.

Kid regarde autour d'elle, tout est fumée de béton. Les animaux sont calmes et seuls les fauteuils situés près de la porte ont été soufflés. Le bassin a perdu la moitié de son eau, mais le cétacé y flotte encore. La scène en revanche, en partie détruite par une accumulation de gros blocs de béton tombés du plafond, est devenue montagne. Deux corps sont au sol et quelques gémissements proviennent des rares blessés, mais globalement c'est un miracle. Les uns lèchent leurs coupures, d'autres débarrassent plumes et poils d'une épaisse couche de particules grisâtres. Le Gibbon, dont le pelage a viré sombre, dépoussière les cheveux de Kid à coups de souffles sonores. Elle ferme les yeux et ouvre la bouche :

— Tremblement de terre. C'est dingue.

— Ce n'est pas un tremblement de terre.

Kid se retourne et se retrouve face au Serval.

— J'ai fait un vol plané de quatre rangées. Waouh, record personnel.

— T'étais près de la porte ?

— Pas loin, j'ai bien senti le souffle.

— Pourquoi tu dis que ce n'est pas un tremblement de terre ?

— Un tremblement de terre, on l'entend bien avant, ça vient de loin, ça roule longtemps avant de bouger. Là, rien, et puis un souffle terrible. C'est une explosion.

Les oreilles du Serval cessent de s'agiter comme les paraboles d'un radar et reprennent leur position de repos sur le dessus de son crâne.

— Désolé, j'ai perdu ta gourde.

Kid ne répond pas, le regard tourné vers la porte cabossée. Quelques ongulés tentent de l'ouvrir, utilisant leurs bois pour libérer les deux battants. Le Mouflon et ses grosses cornes n'ont pas été utiles, le Chamois a failli y arriver, mais c'est le maigre Dik-Dik qui débloque le mécanisme. La joie est de courte durée, puisque derrière la porte le couloir n'est plus qu'une accumulation de blocs divers.

Ça discute un moment, puis une escadrille de mouches décolle des paupières des mammifères et s'engouffre entre les gravats de béton, derrière la porte.

Au bout de quelques minutes, les dernières rentrent à la base et confirment que même un moucheron n'y passerait pas. Il n'y a plus de couloir.

D'autres petits groupes animaliers se sont constitués çà et là. Kid ne sait lequel rejoindre. Le siège du vieux bonhomme est toujours vide, elle ne l'a pas vu revenir avant l'explosion, de toute façon. S'il avait été là, elle suppose qu'elle l'aurait rejoint, humain avec humain, mais elle n'en sait rien au bout du compte.

Les sons ne sont plus les mêmes qu'avant l'explosion. Les cris et les hurlements des participants ont cessé, remplacés par de calmes discussions aux sonorités plus apaisées. Pour la première fois depuis le début du Sommet, les animaux parlent entre eux. Avant l'explosion, certains parlaient d'eux, d'autres écoutaient, ou pas, mais il n'y avait pas de conversation.

Soudain, Kid se rend compte qu'elle a oublié de pleurer. C'est bien une catastrophe, mais elle reste calme, comme les autres, au milieu des autres. Elle ne sait pas si elle s'en sortira, elle n'y a pas pensé d'ailleurs, car pour l'instant elle vit au présent, et ça va. Elle n'a même pas pensé à ses parents, n'en a pas encore eu le temps. Elle n'y pense que maintenant, maintenant qu'elle sait que ceux d'ici, Manchot, Gibbon et Serval, sont saufs. Et pensant à ses parents, lui vient l'envie de pleurer. Mais elle se reprend, car le félin se rapproche déjà.

« La troupe slalome entre les débris et les groupes, puis contourne le bassin. »

— Tu ne connais pas un passage, vu que c'est ton espèce qui a construit ce truc ?

— Non, je ne suis jamais venue ici avant.

— Un truc en béton, c'est toujours un truc en béton, non ?

Kid n'a pas le temps de répondre, la parole lui est soufflée par un Tamanoir :

— Je ne connais pas les termites du béton, mais les termitières de terre se ressemblent de l'extérieur, alors que pas du tout de l'intérieur ! Dedans, c'est pareil et très différent à la fois, les galeries sont courtes ou longues, larges ou étroites, sinueuses ou droites et ne se rencontrent jamais de la même manière.

— Tu as raison, c'est pareil chez nous. En arrivant ce matin, j'ai longtemps marché dans les couloirs. La sortie est très loin, je crois.

— C'est quoi, vos signes écrits et dessinés partout ?

Kid relève les yeux et les promène sur les murs, au gré des inscriptions et des symboles colorés. Puis, pointant le doigt vers un petit boîtier lumineux :

— Le bonhomme vert qui court sur fond blanc, là-bas, c'est un panneau « issue de secours ».

— Et ?

— Ça veut dire que c'est une sortie possible.

Elle rejoint l'allée et s'y engage, accompagnée du Serval et du Tamanoir. La troupe slalome entre les débris et les groupes, puis contourne le bassin. Au bas de ce qui reste de la scène, elle se hisse sur la pointe des pieds et jette un œil sous le symbole lumineux resté au mur. Le Daman déboule alors de la montagne de gravats à une vitesse folle, sans que l'on sache s'il la dévale ou s'il en tombe, pour échouer aux pieds de Kid.

— Ici aussi, c'est bouché, ma grande. Faut trouver autre chose.

CHAPITRE VII

LE POINT

LORSQUE les lampes du mur du fond se sont éteintes, rallumées, rééteintes, puis rallumées, toutes les têtes se sont tournées vers elles et des lueurs d'inquiétude ont refroidi les regards. La lumière est donc comptée : sans ouverture ni fenêtre, la salle peut à tout moment basculer dans l'obscurité. Désormais tout le monde l'a compris, et il va falloir vivre avec ça en tête.

Certains animaux se sont réunis par familles, comme les félins, qui ont rejoint la montagne de gravats. D'autres groupes, comme celui de Kid, se sont fixés çà et là et ne semblent obéir à aucune règle. Si l'humaine, le Serval et le Tamanoir restent ensemble, c'est parce qu'ils se sont parlé à un moment donné, se sont entendus et n'ont aucune raison de se séparer. Le cas du Gibbon, le quatrième du club, est différent, puisque l'animal, on l'a compris, ne semble intéressé que par les poils de tête de la jeune fille.

— Chères espèces, chères et chers camarades, chères et chers invités, pionniers de ce premier Sommet des Espèces.

« Certains animaux se sont réunis par familles, comme les félins, qui ont rejoint la montagne de gravats. »

Le brouhaha cesse à cette prise de parole et l'attention générale est immédiate. Au pied de la montagne, le Secrétaire s'éloigne du micro tordu le temps de tousser, puis y retourne :

— Chères espèces, chères et chers camarades, chères et chers invités, pionniers de ce premier Sommet des Espèces. On dirait que tout ne se passe pas comme prévu. On dirait même qu'on a un petit souci et que l'ordre de passage est chamboulé. On ne tient pas notre timing, mes amis !

L'oiseau retousse, ce qui dresse les quelques plumes qui lui restent sur sa nuque.

— Je vous vois réunis et démunis, je propose donc que ceux qui le souhaitent me rejoignent pour faire un point sur ce qui vient de se passer.

Sitôt dit, les premières bestioles affluent vers les vestiges du pupitre. Il y a l'Iguane, ancien parmi les anciens, suivi du Troglodyte mignon, oiseau bien nommé mais pire commère que la Terre n'ait jamais connue, puis le Mandrill et ses fesses colorées. Kid baisse les yeux jusqu'à son mollet gauche : le Daman y donne de petits coups de poing.

— Quoi ?

— Vas-y, qu'est-ce que t'attends ?

— Aller où ?

— Avec eux, tiens. C'est chez toi ici.

— Arrêtez de dire ça, tous, je n'habite pas ici, c'est la première fois que je viens dans cette salle ! Ce n'est pas ma maison !

— C'est là que vit ton espèce, non ? Alors vas-y, s'il y a bien quelqu'un qui connaît ce type de construction, c'est toi.

Kid grimace, admet sans le dire le bien-fondé de ces paroles et se met en marche. S'approchant des animaux déjà réunis, elle est bousculée par un Wallaby, puis frôlée de près par sa gourde qui file s'écraser dans les gravats.

— Désolé, petite, mais c'était une poussette de ma part ou une gourde dans ta face plate. Ça vient du teigneux, là-bas, qui a l'air de beaucoup t'apprécier.

Kid tourne la tête, comprend que la gourde provient du Chimpanzé et plonge dans son regard hargneux pour la deuxième fois de la journée. Elle tient plus longtemps cette fois-ci, car, elle n'en démord pas, c'est un peu injuste, mais détourne bientôt les yeux devant l'intensité de ceux du singe. Elle achève son déplacement vers le regroupement et les animaux s'écartent à son passage, jusqu'au Secrétaire. Même un peu déplumé, il reste impressionnant et vu de près Kid le trouve extraordinaire. Il lui avait semblé chouette depuis son siège, et elle avait apprécié son aisance sur la scène, en maître de cérémonie, mais il est à portée d'œil à présent, et l'animal est tout autre, il respire, sue, sent, ses petits muscles tremblent et ses plumes frémissent, ses longues pattes sont aussi rêches que fines, son bec crochu est dangereux et son œil perçant exprime quelque chose. Quelque chose qu'elle ne saisit qu'à moitié. Il y a la parole, mais la parole n'est pas tout. L'oiseau pense, jauge, ressent, hésite, interroge et l'observe, lui aussi.

Le rapace sonde Kid et ça la perturbe. Ce sont les humains qui observent les animaux, normalement, qui les jugent comiques ou trop bizarres, stupides ou mignons.

Le Secrétaire incline la tête et cligne des yeux. Les autres l'imitent et tous dévisagent l'humaine.

Elle reste muette, secouée par cette révélation. C'est elle l'observée maintenant, c'est elle la comique, la bizarre, la stupide, la mignonne. Elle sent la surprise et l'incompréhension dans tous ces regards : qu'est-ce que c'est que cette bestiole ? Comment c'est foutu ?

— Oh oh, il y a quelqu'un dans cette grosse tête ?

Kid reprend ses esprits.

— Y a quelqu'un, oui. Mais je n'habite pas là, je ne sais pas, je ne connais pas le bâtiment. Je ne peux pas faire grand… Il est plus là, l'homme du premier rang, celui aux cheveux gris ?

— Il est sorti bien avant l'explosion. Je crois de toute façon qu'il n'avait pas l'intention de rester parmi nous.

— Pourquoi vous dites ça ?

— Comme ça, simple intuition, peu importe.

— Ben non, peu importe pas, il connaissait bien mieux les lieux et l'architecture que moi. C'était notre représentant !

— Eh ben maintenant, c'est toi la représentante de ton espèce, et de toi-même par la même occasion. Et puis détends-toi, on ne te veut aucun mal à la fin. On est là pour discuter, voir ce qu'il se passe et ce qu'on peut faire pour nous sauver, tous.

— C'est bon, j'ai compris. Le Serval dit que c'est une explosion, et pas un tremblement de terre.

— Il a raison. Gaz ?

— Non, pas d'odeur.

— Effondrement ?

— Pour sûr.

— Explosion en surface ?

— On ne peut pas savoir.

Le Tamanoir intervient :

— Il y a quand même une étrange odeur chimique, ici.

— C'est-à-dire ?

— Ce n'est pas naturel, on n'arrive pas à déchiffrer les odeurs et les bruits.

Kid soupire :

— C'est peut-être l'effondrement qui a libéré cette odeur.

— O.K., on reste sur effondrement.

Kid revoit l'étrange manège du Chat et du Rat, juste avant l'explosion, ouvre la bouche, puis se ravise : elle ne souhaite pas impliquer sans preuve d'autres animaux, de crainte de se voir rejetée ou critiquée. Il ne s'agirait pas de se les mettre à dos, elle a bien conscience d'être minoritaire ici, coincée seule dans un monde où son espèce ne domine pas. Il y a le Chimpanzé et c'est bien assez de colère pour ses petites épaules.

Le Secrétaire relance la concertation :

— Des morts ?

— Une Marmotte et un Phacochère. Un Ara, un Crotale, énumère le Tamanoir. Après, ça devient trop petit.

— Trop petit pour quoi ? demande Kid.

Le rapace intervient :

— Pour nos yeux, gamine. Combien de moucherons morts, de puces, d'acariens, de tardigrades morts ? Tu le sais ?

— Tardiquoi ?

— Laisse tomber, t'en verras jamais, c'est un ourson microscopique. Des blessés ?

— Quelques bobos, mais rien de grave, je crois.

Le Mandrill, pensif, interrompt la conversation :

— Ça n'existe pas, les oursons microscopiques !

— Qu'est-ce que t'en sais ? T'as un microscope dans ta jungle ?

— On fait quoi des morts ?

Les animaux, surpris, se taisent et se tournent vers Kid, qui pourtant n'a pas eu l'impression de dire une ânerie.

— Comment ça ?

— Je veux dire, on les laisse comme ça ?

— Qu'est-ce que tu veux en faire ? Tu veux les prendre ?

— Mais non, mais on va pas les enterrer ?

— Pffuuuu !

Le Secrétaire sourit.

— Il y a peu d'enterrements chez les animaux, gamine.

— C'est juste qu'on ne peut pas les laisser comme ça.

— *Comme ça* comment ?

— Comme ça comme ça, quoi, sur le sol ! Il faut faire quelque chose, c'est trop triste.

— Ils sont morts, gamine. Ni eux ni nous ne sommes tristes, on a autre chose à faire que de casser du béton.

— Et les microbes ?

— N'oublie pas qu'il y en a quelques-uns avec nous, invités comme nous à ce Sommet désastreux, et tout aussi légitimes de leur point de vue — tu les as entendus tout à l'heure, non ?

Le Tamanoir se dresse sur ses pattes postérieures, reste ainsi quelques secondes, le regard pointé vers le fond de la salle, puis se repose.

— Trêve de bla-bla, le problème sera bientôt réglé. Et celui des microbes avec.

Kid tourne la tête lentement, en direction de la zone soufflée, et comprend que les charognards sont à l'œuvre. Le Marabout domine de sa hauteur le Chacal, qui domine le Corbeau. Les mouches et les fourmis achèveront de faire disparaître les derniers morceaux des infortunées victimes de l'explosion.

CHAPITRE VIII

LE LOCAL

KID a repris quelques couleurs. Elle n'avait pas pensé à cela, à cette dureté du monde animal. Elle a beau se dire qu'elle aussi mange parfois de la viande, ou du poisson, et que le Marabout et ses acolytes ne font pas autre chose… ça lui fait bizarre de les voir picorer et mâchouiller d'autres animaux morts, encore chauds et même pas cuits. Elle n'a pas vomi et en tire grande fierté. Elle revient dans la discussion, qui a bien avancé durant son léger vertige.

— Il y a le repas de midi, qui est remisé dans le local près de la scène, une collation et même quelques amuse-bouche, si j'en crois la plaquette protocolaire.

— Amuse-bouche ?

— Un truc qui amuse la bouche ? C'est quoi ?

— Je n'en sais rien, qu'est-ce qui peut amuser une bouche ?

L'Ours venu se joindre au groupe hasarde, l'air intelligent :

— Une clarinette peut-être ?

— Une clarinette ? D'où tu tiens ça ?

— Il y avait un humain qui en jouait devant la cage des tigres, sa bouche avait l'air de bien rigoler.

— T'as vécu dans un zoo ?

— Dans un cirque aussi, oui.

— Tu sais faire des trucs ?

— Oh, c'était il y a longtemps, je suis passé à autre chose maintenant et j'ai heureusement tout oublié.

Le Troglodyte mignon s'agace :

— Des bouches, des bouches, mais pour ceux qui ont des becs, comment ils l'amusent ?

— Ils ne l'amusent pas, c'est tout dur, un bec, tu ne peux rien faire d'autre que manger et siffler avec un truc pareil. Personne n'a parlé d'amuse-bec.

— Hey, ce n'est pas sympa pour les becs !

— *Amuse-bouche*, c'est comme *amuse-gueule*, ce sont des trucs apéritifs, qui se mangent avant le repas, avec des boissons.

Kid a repris sèchement la parole, et la garde :

— On peut tenir combien de temps avec ça ?

— Ça dépend de la générosité des organisateurs. Mais trois jours peut-être, en économisant.

— Pour ceux qui mangent de la viande, sans doute plus, mais pour ceux qui broutent, ça va être...

— Eh ben, ils mangeront de la viande, comme tout le monde !

Le Caracal, qui vient d'interrompre l'échange, encaisse regards outrés et rires complices, puis s'excuse sans conviction :

— Bon, ça va, ça va. Ils mangeront des insectes alors, c'est plus facile à boulotter. Quoi ?

— Merci pour ton aide. Vraiment.

Le félin sourit, un peu fier de ses provocations, et fixe le Gibbon.

— En voilà un qui ne mourra pas de faim. C'est bon, les cheveux d'humaine ?

Kid, qui ne fait plus cas du singe, retire sa mèche mouillée de la bouche de l'animal et file vers le local. Elle contourne la montagne de gravats comme elle peut, reste à distance des yeux de l'Ocelot qui brillent dans l'ombre d'un gros bloc de béton, puis parvient à la porte. Méfiante, elle ne l'ouvre que pour y glisser la tête.

Plus profonde qu'elle ne le pensait, la pièce réfrigérée contient du fourrage, des pièces de viande inidentifiables, des fruits et des légumes, des préparations liquides ou sirupeuses colorées, de la soupe aux épinards à moins que ce ne soit de la bouse, des granules, des algues et des champignons. Les deux grands placards contiennent collations et amuse-bouche.

Rassurée par la promesse de quelques repas, Kid referme la porte et voit alors le Rat, qui lui aussi retire la tête du local et file sous un fauteuil.

— Tu commences à m'agacer avec tes embrouilles. Qu'est-ce que tu faisais tout à l'heure dans le placard électrique, avant l'explosion ? C'est toi qui as tout fait sauter ?

Le Rat s'enfonce plus encore en guise de réponse, et l'humaine aperçoit le Chat, au pied de la montagne, qui l'observe de son air méprisant.

Lasse, Kid se laisse glisser contre le mur et se vautre mollement au sol, au milieu des débris des caméras qui filmaient le Sommet il y a quelques heures encore. Incapable de réfléchir efficacement, elle décide de mettre un peu d'ordre dans sa cervelle. La première pensée va pour ses parents, qui lui manquent mais pas au point de paniquer. Pas au point d'en être malheureuse. Elle espère juste être sortie des décombres pour 18 heures, fin du Sommet, afin de ne pas les inquiéter. S'ils écoutent la radio dans la voiture, c'est cuit, ils s'inquiéteront, puisque l'explosion a pu être annoncée sur les ondes, à moins que personne n'en soit informé en surface. Sortir d'ici, ça serait bien. Trouver une sortie ou être retrouvée par les sauveteurs, peu importe, pourvu que ce soit avant 18 heures.

Le Chat et le Rat en savent long sur l'explosion, c'est sûr, mais s'il y avait une sortie évidente, ils auraient déjà disparu. Ils zonent, ils s'inquiètent de la nourriture, comme tout le monde, ce n'est pas bon signe. Avant 18 heures, ça serait bien. Elle doit aussi retrouver son carnet et son stylo-effaceur pour noter ce qu'elle a entendu ce matin, ça encombre sa mémoire et c'est déjà si loin. Adieu le rapport sinon, et la honte auprès de la classe. La poussière de l'effondrement est retombée et le sol garde maintenant les empreintes : Kid y lit des traces de sabots, d'ongles, de coussinets, de queues, de trots et de sauts.

Un dernier soupir et l'humaine se hisse sur ses deux jambes, contourne la scène et longe le bassin, où le Marsouin râle :

Macaque crabier, Crabe de cocotier, Tortue de Floride, oiseaux limicoles et même pétillante Grenouille cornue pataugent à grand bruit dans son bassin. C'est trop de pagaille pour le cétacé.

— Il y a des coups de queue qui se perdent ! Oh ! Oui, toi, le babouin, t'arrêtes d'éclabousser !

Le Macaque crabier tire la langue et rétorque :

— Je suis autant babouin que toi hippopotame, mon gros poisson.

Puis il esquive d'un bond la queue qui vient de frapper la surface et provoque un tsunami qui éjecte grenouille et autres petites bêtes du bassin. Ainsi dépeuplée, l'eau retrouve un peu de quiétude.

Un gargouillement s'échappe du ventre de Kid. Elle n'a pas de montre et la pendule atomique de la salle a été emportée dans l'effondrement. Revenue auprès du Secrétaire, elle l'interroge :

— Il est quelle heure ?

— Après-midi, je crois.

— Sans soleil, c'est dur.

— Sans ciel ni température de l'air, c'est pire.

— Personne n'a faim ?

— On a toujours faim, gamine.

— Pourquoi vous ne mangez pas ?

— On mange quand on trouve à manger.

« ...le Marsouin râle : Macaque crabier, Crabe de cocotier, Tortue de Floride, oiseaux limicoles et même pétillante Grenouille cornue pataugent à grand bruit dans son bassin. »

Le Secrétaire toussote, se déplace de quelques pas, puis tapote de ses serres le micro cabossé.

— Chères espèces, chères et chers camarades, chères et chers invités, pionniers de ce premier Sommet des Espèces, chères et chers rescapés.

Le silence envahit la salle.

— Chères et chers rescapés. Nous ne pouvons pas sortir de ce qui reste de cette salle pour l'instant. Toutes les idées restent bienvenues et les propositions souhaitables, mais il nous faudra sans doute attendre d'éventuels secours extérieurs. Nous avons encore de la lumière, de l'eau et de la nourriture, de quoi tenir quelques jours. Je vous demande de continuer à respecter les engagements que nous avions pris en vue de ce Sommet : on ne se dévore pas et on respecte l'espace et l'intégrité de l'autre. Chères espèces, chères et chers camarades, chères et chers invités, pionniers de ce premier Sommet des Espèces. Chères et chers rescapés, pour l'instant tout va bien, le premier repas sera servi dans l'heure.

CHAPITRE IX

JE SUIS QUEL ANIMAL ?

CE premier repas, servi à tous par les espèces pourvues de mains, fut très en dessous du chaos attendu. Chacun fut patient, aimable et même discipliné. Il fallut bien courser et exclure le Raton laveur, qui provoqua la nervosité générale en se servant dans toutes les rations qu'il livrait, pallier l'absence de nourriture prévue pour les infiniment petits en proposant un microbuffet, éloigner les plantes décoratives des antilopes et compter les sept mille cinq cent soixante-trois graines de tournesol pour les répartir équitablement à des oiseaux prompts à piailler à l'injustice, mais dans l'ensemble, ce fut un beau déjeuner sur les décombres.

Certains animaux somnolent à présent, ruminent, chantonnent tranquillement ou se font des papouilles. D'autres, en revanche, s'agitent sous le coup de l'angoisse et de l'enfermement. Kid elle-même n'est pas sereine, aimerait bien penser à des choses plus gaies et c'est autant pour elle que pour les autres qu'elle lance un jeu : *Je suis quel animal ?*

Sa proposition passe au-dessus de la tête des quiets, mais semble intéresser les agités. Un Oryctérope quitte le dossier de fauteuil qu'il défonçait de ses griffes et se dirige vers le micro. Il se tourne vers l'assemblée, bombe fièrement le torse et redresse son groin.

— Je suis quel animal ?

La minute de silence ne dure pas, engloutie par l'hilarité générale.

— Est-ce que tu peux rendre ses oreilles au lapin, s'il te plaît ?

— Et son nez au cochon, usurpateur !

L'animal, sans exprimer la moindre émotion, retrouve sa position de quadrupède, saute de la scène et retourne grattouiller son dossier.

Tandis que le Wallaby le remplace et lance son *Je suis quel animal ?*, Kid se rapproche de l'Oryctérope et s'assied à côté du fauteuil balafré.

— N'écoute pas leurs rires, tout le monde est drôle et bizarrement fait, ici !

« Un Oryctérope quitte le dossier de fauteuil qu'il défonçait de ses griffes et se dirige vers le micro. »

— Certains plus que d'autres, apparemment.

— Je ne crois pas, ce sont les mammifères qui ont le plus ri, et ils ne sont pas si différents de toi. C'est de la bêtise, de la jalousie.

— T'es gentille, tu dis n'importe quoi, mais je t'aime bien. Tu es aussi très étrange avec ta peau rose et tes longs poils sur la tête.

— Cheveux.

— Avec tes cheveux sur la tête. Ça ne t'épuise pas de tenir un si long corps sur deux pattes ?

— C'est de marcher à quatre qui m'épuiserait. Je n'ai pas fini de grandir, tu sais.

Sur la scène, le Wallaby en fait des caisses, il donne des coups de poing et de pied dans l'air et sautille comme un boxeur. La foule est tout aussi excitée.

— Papa Kangourou passe te ramasser à quelle heure, wallabébé ? Tu rentres en poche ?

L'Oryctérope lui-même ricane aux blagues qui fusent, ce qui effare Kid.

— Tu n'es pas content de te faire moquer, mais quand c'est un autre qui l'est, tu ris. C'est étrange, non ?

— Tu préférerais que je sois là en train de bouder ? Et puis si c'est drôle, je ris.

— Tu ne boudais pas quand je suis arrivée ?

— Non, pas du tout. N'oublie pas qu'on est coincé sous terre et que ça fait du bien à tout le monde de se marrer un peu.

— T'as peut-être raison, c'était mon idée, d'ailleurs… Tu ne peux pas creuser un tunnel avec tes griffes ?

— Votre béton est bien trop dur pour mes griffes.

— Il y a peut-être une faille.

Kid se lève, amorce la tournée des murs de la salle et n'y trouve effectivement rien d'autre que du béton. Elle tapote parfois la paroi, mais ne récolte jamais que le son du plein. Lorsqu'elle arrive à la zone soufflée, elle a un léger haut-le-cœur et préfère ne pas regarder les quelques os qui traînent encore. Elle traverse vite, mais ses yeux tombent sur une plume de l'Ara, relief de festin. L'humaine se baisse, ramasse la belle rémige bleue, la plante dans ses cheveux, puis reprend son chemin.

Rien à faire, la salle est cernée d'un sarcophage de béton ; ni les griffes de l'Ours, ni le bec du Faucon, ni les sabots de la Mule, ni les fesses du Tapir, ni même la queue du Marsouin n'arriveraient à le fissurer.

Sur le chemin qui la ramène vers le Secrétaire, la plume

se met à vibrer doucement dans ses cheveux. Intriguée, Kid lève les yeux et repère au plafond une large grille à trous. Qui dit courant d'air dit air, dit surface. Elle reste ainsi quelque temps, tête penchée en arrière et cerveau en ébullition. Il y a des oiseaux pour aller jeter un œil à cet orifice, bien sûr, mais on peut aussi y grimper en montant les uns sur les autres — il suffit d'un âne, d'un chien, d'un chat et d'une poule, elle a déjà vu ça dans un livre. Non, pas d'un chat, elle trouvera quelqu'un d'autre !

CHAPITRE X

LE COMMANDO OISEAUX

LA bouche d'aération est maintenant au cœur de l'attention de tous. Les yeux rivés au plafond, les animaux suivent le manège du commando oiseaux qui vient de décoller. Une Pie, une Hirondelle et un perroquet Kéa tournent autour de la grille et parviennent rapidement à s'y agripper. La Pie entre la tête dans une ouverture, sonde sa profondeur à coups de cris. Le Kéa mâchouille le métal afin d'en estimer la dureté, puis l'Hirondelle franchit l'une des ouvertures et s'enfonce dans le conduit. Plus rien ne se passe durant un moment, et tous se taisent, avec l'espoir que l'Hirondelle progresse vers la surface.

Mais la Pie annonce déjà le retour de l'éclaireuse, qui franchit l'ouverture et s'arrime au métal de ses petites griffes.

— Il y a des chauves-souris et des lucioles là-haut.

— Dans les arbres ?

— Non, à deux mètres à peine, juste avant l'épais sas de protection et le ventilateur.

Un souffle de déception s'élève du sol et le Secrétaire reprend l'échange :

« Une Pie, une Hirondelle et un perroquet Kéa tournent autour de la grille et parviennent rapidement à s'y agripper. »

— C'est démontable ?

— Pas par nous, en tout cas.

Le rapace reste silencieux quelques secondes, puis relance :

— Et si nous on monte ?

— Si vous arrivez à monter, à enlever la grille, si vous arrivez à entrer dans le conduit, si vous débloquez le sas, arrêtez le ventilateur et l'arrachez, c'est possible.

Le Secrétaire détend légèrement ses ailes, au milieu de la foule qui déjà quitte les lieux, désabusée par les dernières paroles de l'oiseau. Puis l'Hirondelle rouvre le bec :

— J'ai oublié, les chauves-souris demandent si vous pouvez éteindre les lumières, elles en ont marre d'attendre l'obscurité là-haut.

L'heure qui suit est étrange. L'unité qui régnait jusqu'alors n'est plus. Chacun faisait ses affaires, les solitaires s'isolaient, les

grégaires faisaient groupes, les repas et les jeux animaient l'espace resté chaotique, mais aucun n'était seul, vraiment seul, coupé du monde qui l'entoure. Depuis l'échec de l'examen du conduit d'aération, le monde s'est fragmenté, réduit à la portion que chacun habite. Le Caracal se gratte les puces contre un bloc, en cachette, le Dik-Dik a quitté le groupe des ongulés pour se poser dans un pot de laurier-rose. Kid est restée sous le conduit, les yeux grands ouverts, allongée sur trois sièges consécutifs. Vautré en parallèle sur le sol et le bras tendu vers la chevelure de l'humaine, le Gibbon somnole. Préoccupée, elle n'entend pas arriver le Secrétaire.

— Toi, t'as pas dit ton dernier mot, gamine.

— Je ne sais pas. Si on n'a que ça, que ce conduit pour se sauver, alors faut grimper là-haut et aller voir, non ?

— Sans doute. Tu te sens comment ?

— Ça va, c'est étrange d'ailleurs, c'est comme si je n'avais pas trop peur. J'ai peur bien sûr, mais je sais que là-haut j'avais bien plus peur pour des trucs minables, tu vois...

— Non, je ne vois pas.

— Par exemple de pas pouvoir rendre un devoir à temps, ou qu'on croie que j'ai copié ou, pire, volé un truc.

— Désolé, je ne vois pas, gamine.

— C'est normal… Tu vivais où, là-haut ?

— Au sud du Sahara. Tu connais ?

— J'ai vu ça dans mes livres. C'est en Afrique ?

— C'est ça.

— C'est un désert.

— Le Sahara, oui, mais plus au sud, c'est différent : il y a des savanes, des forêts, des montagnes. Je n'aime ni le désert ni la grande forêt.

— Et t'es vraiment secrétaire ?

Le rapace pouffe, puis reprend :

— Non ! On m'appelle Secrétaire dans vos livres, mais je suis un Serpentaire. Ou un Messager sagittaire, ça dépend.

— Je préfère les secrets aux serpents !

— Pas moi, et je t'avoue que la petite couleuvre là-bas, sur le gros bloc de béton, a bien de la chance que je tienne ma promesse de ne manger personne lors du Sommet !

— Tu crois qu'on va s'en sortir ?

— Se sortir de quoi ?

— De cette salle.

— On s'en sort, on a de la nourriture, c'est calme pour l'instant, je ne vois pas de raison de stresser.

Kid sourit.

— Ça stresse, un rapace ?

L'oiseau lui retourne son sourire.

— Ça stresse, un humain ?

Les deux êtres savourent cet instant de complicité, bulle de grâce et de légèreté dans l'éprouvante journée, puis l'oiseau appuie la pointe d'une de ses longues rémiges sur le nez de Kid.

— On éteint la lumière, gamine ?

— On éteint, mais pas trop longtemps, alors.

Le rapace s'éloigne à longues enjambées. Quelques minutes plus tard, les lampes murales s'éteignent une à une, plongeant la salle dans le noir.

Kid tremble, mais la main qui lui caresse le crâne l'apaise. Les yeux restés ouverts, ses oreilles captent de nouveaux sons, des bruits qui proviennent d'une autre vie, celle de la nuit.

Les cliquetis des chauves-souris se mêlent aux stridulations des insectes. D'autres créatures se déplacent, elle perçoit le froissement des muscles du Tapir et le flottement des ailes du Hibou. Effrayée par les cris d'une querelle plus bas vers la scène, elle sursaute. Le plafond resplendit des pâles lueurs des lucioles, qui ne parlent pas mais brillent. Elles disent des choses, mais quoi ?

Leur lumière est suffisante pour imaginer tout le mouvement qui agite la salle, ombres gigantesques au-dessus des fauteuils et circulation frénétique entre leurs pieds.

L'humaine se recroqueville, enserrant l'avant-bras du Gibbon dans les siens, sans rencontrer d'opposition.

Elle finit par s'endormir, épuisée par cette journée venue d'ailleurs.

CHAPITRE XI

LA PYRAMIDE

LE réveil n'est pas désagréable. Lorsque Kid rouvre les yeux, qu'elle avait cachés à l'intérieur de son coude, elle devine que la lumière est revenue depuis un moment déjà, le service du petit déjeuner est en cours. Elle se lève, les cheveux en broussaille, ramasse et remet sa plume bleue, puis se dirige vers le local près de la scène. Elle happe au passage une brassée de foin qu'elle file livrer aux antilopes. La bonne ambiance semble revenue, l'unité est de retour, les conversations vont bon train et cela lui plaît. Coupant entre les allées pour rejoindre l'arbuste du Dik-Dik, elle s'engage dans la rangée de sièges où dorment les deux grands singes. Elle ne les avait pas vus. Trop tard pour reculer. Encombrée par sa brassée, elle avance sur la pointe des pieds. Mais le Chimpanzé l'a sentie depuis longtemps déjà. Il se redresse. Juste séparée de lui par une rangée de dossiers, Kid glisse, affectant l'indifférence. L'animal la regarde trembler, la tête dans le foin, puis, happant son regard au travers des brins de paille, il retrousse les lèvres sur de larges dents. L'humaine accélère, atteint enfin l'autre côté de l'allée, et c'est avec une lueur moqueuse dans les yeux que le singe regarde ses frêles épaules se relâcher.

Une des lampes murales ne s'est pas rallumée, mais il en reste bien assez. L'humeur est à l'action, un nouveau commando s'est constitué après le déjeuner. Il comprend Kid, pour son cerveau et ses mains, le Gibbon amoureux, pour la longueur de ses bras, le Tatou tronqué, pour ses griffes, quelques coléoptères carabes, pour leurs réserves d'acide, l'Ours, pour son assise robuste, et le wallabébé, pour sa stabilité. Le groupe est dirigé par le Secrétaire, dont le corps, si spectaculaire soit-il, n'est d'aucun intérêt pour monter une pyramide animale.

Kid sent de petits coups de poing sur son mollet gauche. Elle baisse les yeux et retrouve le Daman.

— Tiens, j'ai trouvé ça.

Il lui tend un carnet à spirale en forme d'étoile de mer et un stylo-effaceur qui n'est plus que stylo, la partie effaceur ayant été entièrement grignotée par le voleur.

L'humaine reste figée, c'est une surprise. Une bonne. Le carnet lui revient comme ça, miracle, à peine sali et si peu froissé.

L'urgence n'est plus à la rédaction, mais elle accueille le retour de son matériel comme un signe favorable à leur projet d'évasion.

— Ça peut te servir, non ?

— T'as trouvé ça par terre ?

— Oui, là-bas. Il était abandonné, près de la montagne.

— Près de la montagne aux félins ?

— Oui.

— Tu crois que les félins avaient pris mon carnet ?

— C'est possible.

— Et tu l'as récupéré au péril de ta vie.

Le Daman s'agace du ton ironique de la jeune fille.

— Je le leur rapporte, si tu n'en as pas besoin.

Kid se baisse, se met à quatre pattes et s'appuie sur ses coudes, c'est plus pratique pour dessiner. Stylo en main, à hauteur du Daman, elle penche la tête en arrière, ouvre les narines et renifle frénétiquement.

— Vas-y, souffle dans mon nez, que je sente ?

— Que tu sentes quoi ?

— L'odeur de l'effaceur.

— N'importe quoi.

— Tu pues l'effaceur.

— N'importe quoi.

— Tu pues l'effaceur, je le sens, j'y ai déjà goûté plus jeune, on faisait tous ça à l'école.

— Je te rapporte tes affaires, et voilà comment tu me remercies !

L'animal parti, furax, Kid reste en position et commence à griffonner sur une page du carnet. Elle est rejointe au sol par tous les autres, et chacun donne son avis sur la réalisation de la pyramide vivante qui permettra à l'un d'entre eux d'aller au plafond, de desceller la grille et d'entrer dans le conduit.

Quelques dessins et éclats de rire plus tard, un résultat se dégage. La pyramide sera constituée comme suit : les carabes se tiendront sur le Tatou tronqué qui sera accroché au Gibbon qui sera sur les épaules de Kid qui sera sur celles du Wallaby qui sera sur le dos de l'Ours qui reposera solidement sur le sol. Quelques autres animaux pousseront sur les côtés si ça tangue au départ. La mission est programmée pour dans quelques heures, le temps de se concentrer sur les détails et de relâcher les muscles avant l'effort.

L'humaine est calme, ses parents doivent être morts d'angoisse à présent, mais ça va marcher, la sortie est proche. Assise, elle chahute avec le Gibbon, sans savoir s'il comprend ou s'il se fiche de ce qu'elle lui dit. Elle essaie gentiment d'enlever la main qui lui tripote les cheveux depuis son arrivée, hier.

— Arrête, tu me fais des dreadlocks, t'es lourd !

Le singe fronce son absence de sourcils, découvre ses dents, mais n'a pas le temps de sourire.

— Allez, on répète l'exercice.

« La pyramide sera constituée comme suit : les carabes se tiendront sur le Tatou tronqué qui sera accroché au Gibbon qui sera sur les épaules de Kid qui sera sur celles du Wallaby qui sera sur le dos de l'Ours qui reposera solidement sur le sol. »

Le Gibbon se déplace, pose un pied sur l'épaule de Kid, puis s'appuie sans difficulté sur sa tête pour poser l'autre sur la seconde épaule.

Il se hausse enfin et s'assied sur le crâne de l'humaine. Elle se crispe soudain en apercevant le Chat, si discret depuis le début, quitter la montagne et filer vers le local.

— Maudit Chat, il nous évite comme la…

Elle ne peut pas terminer sa phrase qu'elle est violemment projetée en arrière : le Gibbon vient de décoller comme une fusée et file vers le félin. Il prend de la vitesse rapidement et passe d'un fauteuil à l'autre en se balançant de ses bras. Aucun obstacle ne peut l'arrêter, ni les sièges ni les animaux qui sont esquivés ou contournés en tout équilibre. Le Chat ne le voit fondre sur lui qu'au dernier moment et démarre à son tour. Il tente de s'engouffrer sous les fauteuils, mais le singe le déloge constamment de ses longs bras. Le félin finit par ressortir et accélère pour tenter de rejoindre la montagne. Les derniers mètres de poursuite ont lieu sous les vivats des animaux, qui n'ont rien manqué du spectacle et encouragent bruyamment l'un ou l'autre. Juste en bas de la scène, le Gibbon attrape le Chat par le cou, et ne cesse sa course qu'une fois assis auprès de Kid. Stupéfiée par tout ce qu'elle vient de voir, elle sourit à pleines dents. Le singe lui remet le Chat groggy par les cahots de la course, puis retourne à ses cheveux.

CHAPITRE XII

LE CHAT

LE Chat siffle et tente de griffer Kid, sans l'atteindre. Il reçoit immédiatement une tape du Gibbon et comprend enfin qu'il n'arrivera pas à s'enfuir.

— Ça y est, t'es calmé ? demande Kid.

— Pourquoi tu me fais ça ? Pourquoi ton sbire s'est acharné sur moi ?

— Acharné, tu exagères, je n'ai pas eu l'impression que la poursuite ait duré si longtemps. Pour toi aussi, c'est une explosion ?

— Tu parles de quoi ?

— De l'effondrement de la salle.

— C'est un effondrement.

— Merci, ça, on le sait. Tu en connais la raison ?

— Non.

— T'es sûr ?

— Oui.

Une tape lui rabat les oreilles.

— Dans les histoires, le Chat n'est jamais ami avec le Rat. Au contraire, ils passent leur temps à se faire des crasses. Alors qu'est-ce que tu as trafiqué avec ton copain ?

— On est au Sommet des Espèces, tout le monde doit bien s'entendre.

Nouvelle tape, plus appuyée cette fois.

— C'est la dernière fois que tu te moques de moi. Je t'ai vu fureter avec lui avant l'explosion, je l'ai vu entrer dans le placard électrique, je vous ai vus filer vers la porte et paniquer de la voir fermée. Je t'ai entendu traiter je ne sais qui de sales bêtes. Alors tu me dis ce que tu sais maintenant.

— O.K., mais tu me lâches.

Le Gibbon fait non avec la tête et Kid relâche juste un peu la pression de sa main sur la peau du cou du félin.

— C'est une explosion.

— Oui, ça, je sais. Quoi d'autre ?

— C'est volontaire.

L'humaine se doutait d'un mauvais coup des deux bestiaux, mais de là à envisager qu'ils aient sciemment participé à la catastrophe… Masquant son trouble, elle relance d'une voix faussement détachée :

— C'est-à-dire ?

— Quelqu'un a volontairement provoqué l'explosion. Quelqu'un de ton espèce.

Le Secrétaire qui approchait, intrigué par ce Chat porté à bout de bras, hâte le pas devant la pâleur de l'humaine.

— Tout va bien, gamine ?

— C’est une explosion volontaire. Les humains.

— Ça va pas de lui raconter des âneries pareilles !

— Ce ne sont pas des âneries, merci pour l’Âne.

Kid retrouve un peu de souffle, la révélation encaissée.

— Et il faisait quoi, le Rat, dans le placard ?

— C’est lui qui a déclenché la bombe.

— La bombe ! Je rêve...

— On nous avait dit que la porte du couloir serait ouverte quelques secondes, pour qu’on sorte avant l’explosion.

— Elle ne l’était pas.

— Non, on ne peut définitivement pas faire confiance à ton espèce.

— Et à la tienne ? Pourquoi vous avez accepté de faire ça ?

— C’est une longue histoire, les humains et nous. Ça fait longtemps qu’on vit ensemble, des milliers d’années.

— Je ne comprends pas.

— On a tout intérêt à ce que les choses restent en l’état, nous aussi, tu vois. Vous dominez et voulez continuer à dominer, et les chats et les rats vivent avec vous. Vous nous fournissez tout ce dont on a besoin, un toit, des égouts, de la nourriture, des champs et des câlins, de la liberté aussi. Alors tu vois, si on commence à partager tout ça...

— Là où tu te trompes, c’est qu’on est très nombreux à vouloir changer, à vouloir partager.

— Vraiment ? Comme l'humain du premier rang, qui file avant même de lire son discours ?

— Tu parles de notre représentant ?

— Lui-même. Il avait l'air très intéressé.

— Il était au courant du projet ?

— Vous êtes nombreux à dire que vous voulez changer, vous l'êtes moins à réellement vouloir le faire, fillette.

Nouvelle tape, cette fois plumée.

— M'appelle pas *fillette*. Les choses changent vraiment, crois-moi, on est nombreux, on est jeunes, on n'en a rien à faire, de vos embrouilles et de vos salades, de vos petites vies confortables. À cet instant, vu que le vieux a fui, c'est moi la nouvelle représentante de mon espèce, *Homo sapiens*, et je te dis que ça va changer. On est combien d'animaux ici, dans les décombres ? On est cent ? Mille ? Et parmi nous, combien ne veulent pas que ça change ? J'en vois que deux, dont un au bout de mon bras.

Kid tremble de tous ses membres, ébranlée par sa propre tirade. Elle repose le Chat sur le sol, lui resserre la nuque en le fixant comme jamais elle n'a fixé quelqu'un.

« – Dans les histoires, le Chat n'est jamais ami avec le Rat. Au contraire, ils passent leur temps à se faire des crasses. Alors qu'est-ce que tu as trafiqué avec ton copain ? »

— Tu gardes ça pour toi, t'as bien compris ?

Le Chat acquiesce, et libéré, retourne tranquillement vers la montagne, comme si rien ne s'était jamais passé.

L'animal hors de vue, Kid fond en larmes, terrassée par ce tête-à-tête et par l'émotion dégagée. C'est une seconde explosion qui vient d'avoir lieu, dans son propre corps. Bouleversée par la puissance de ses paroles, par la colère aussi, par le bouillon de son sang, elle sanglote encore un peu, puis s'essuie les yeux, prise d'un rire nerveux.

Le Secrétaire, qui n'a pas cherché à réconforter l'humaine, jugeant préférable de la laisser seule avec elle-même, redresse tendrement la plume d'Ara au-dessus de son oreille.

— Graine de rebelle.

— Tu parles. Si le Chimpanzé apprend ça, je suis morte.

— Pas sûr, un coup tordu de plus ou de moins, ça ne changera pas grand-chose. Il est habitué, avec ton espèce. Ne t'inquiète pas.

Le rapace jette un œil derrière lui.

— C'est l'heure, je crois.

Kid se lève difficilement, étire ses bras, bâille, puis se dirige vers le conduit d'aération. Songeant à ses parents, en surface, elle lâche une dernière larme, l'essuie, puis respire un grand coup. Arrivée sous l'aération, elle affiche un visage déterminé. Les membres du commando se rapprochent, puis c'est au tour d'autres animaux de venir grossir le cercle des assistants et des curieux.

— Plus par-là !

— Encore, encore, oui, c'est bon !

— Stop, ne bouge plus !

— Aïe, mes pattes !

L'Ours est en place. Le Wallaby s'approche et bondit sur son dos. Par de petits glissements, il cherche la position la plus stable, guidé par l'Ours qui râle lorsque ça lui pince la colonne vertébrale. L'humaine s'apprête à grimper et se hisse d'abord sur le dos du grincheux. L'ascension du Wallaby est plus complexe. Elle nécessite l'aide des assistants, qui tiennent le marsupial pour qu'il ne bouge pas. Kid n'arrive pas à monter sur ses épaules et s'y reprend plusieurs fois, sans succès. Elle sent soudain une main lui saisir le pied et le soulever, et après une autre lui pousser le bassin vers le haut. Elle s'accroche aux oreilles du Wallaby et atteint enfin le sommet. Bien arrimée, elle se retourne pour remercier le Bonobo, mais découvre avec stupeur que c'est le Chimpanzé qui l'a aidée. Le regard qu'ils se jettent alors n'est plus le même. Il n'y a plus de haine ni de peur dans ces quatre yeux.

— Je suis désolée, Chimpanzé.

— Aucune raison d'être désolée.

— Non, tu ne sais pas... C'est un membre de mon espèce qui a voulu que ça pète.

— Et alors ? Je le sais depuis le début. Concentre-toi sur la pyramide, tiens fermement ta position, on compte sur toi, ici.

Kid sourit et se redresse fièrement vers le plafond.

CHAPITRE XIII

TENTATIVE

L'ASCENSION du Gibbon n'est qu'une formalité. Le Tatou tronqué calé sous l'un de ses bras, il escalade avec aisance les trois premiers étages de la pyramide. Ses pieds épousent les épaules de l'humaine. Ça tangue, puis tout se stabilise. Kid tire la langue, le singe n'est pas lourd, mais s'il faut rester comme ça longtemps, ça pourrait devenir difficile.

Le Gibbon geint et le son émis rejoint le murmure inquiet qui s'élève du sol. Il va manquer un étage pour atteindre le conduit, c'est couru. En bas, ils l'ont tout de suite vu. La pyramide est stable, bien solide, mais le Tatou, quand il atteindra le sommet, sera encore presque un mètre en dessous de la grille.

Que faire ?

— Il faut ajouter quelqu'un sous l'humaine !

— Mais non, ça va tout faire tomber. Faut ajouter quelqu'un en haut !

— La petite tiendra pas si on ajoute du poids.

— Si, je tiendrai, allez-y, mais vite !

Le Wallaby s'agace :

— Pour moi, c'est déjà très lourd, je suis fait pour bondir, pas pour porter. Si vous en rajoutez au-dessus, ça n'ira plus pour moi !

Le Secrétaire trépigne sur ses longues pattes. Le commando oiseaux se rend sur zone et confirme qu'il manque soixante-dix centimètres pour que le Tatou atteigne l'objectif.

Le brouhaha enfle, stérile, puis décroît doucement, chacun se trouvant bientôt démuni. La pyramide tangue légèrement et l'assistance s'empresse de l'assurer.

Soudain, un gros bruit d'eau retentit, suivi d'un sonore « Mayday mayday mayday ! ».

Le Marsouin vient de propulser dans l'air, d'un fabuleux coup de queue, le Macaque crabier, qui passe rapidement au niveau de la pyramide. Malgré l'immense précision de ce coup, l'animal frôle le Tatou et il faut au Gibbon une extension héroïque du bras gauche pour qu'il le saisisse en vol et le pose sur son dos dans le même mouvement. Par réflexe, le Tatou se décale, puis le Crabier le récupère et assure une jonction encore inespérée il y a quelques minutes.

Le singe bien accroché à la grille et la pyramide maintenant rigide de bas en haut, tout le monde se relâche. Puis se lâche. Certains animaux félicitent le Marsouin pour son incroyable initiative, d'autres rient de bon cœur ou se couchent, terrassés par tant d'émotions. Le Troglodyte mignon, petit mais grand

« Le Marsouin vient de propulser dans l'air, d'un fabuleux coup de queue, le Macaque crabier, qui passe rapidement au niveau de la pyramide. »

bec, sautille fébrilement sur les dossiers des fauteuils, puis se lance dans un de ses plus âpres trilles en guise de victoire. Il est rapidement imité par le reste de la salle, chacun y allant de son cri ou de son chant. Le son enfle et s'enrichit à mesure que les bouches, les becs et les gueules y déversent leurs notes. Kid se joint enfin à eux, d'un cri suraigu qui secoue son être et se fond au cœur du boucan le plus incroyable jamais entendu.

Le calme revenu, les affaires sérieuses commencent. Le Tatou s'attaque aux fixations à coups de griffes, aidé par les carabes qui ont quitté sa plaque dorsale et aspergent les soudures de leurs gouttelettes d'acide. Quant aux autres, ils attendent, supportent et subissent le travail du haut de la pyramide, sous les encouragements des assistants restés sur place, au cas où.

La première soudure cède au bout de dix minutes, la deuxième plus vite encore, et la grille se détache enfin. Le Macaque crabier la saisit d'une main et la fait passer au Gibbon qui la passe à l'humaine qui la tend au marsupial qui la balance loin dans les sièges, faute de main. Le Crabier pénètre dans le conduit et s'y enfonce sans trop d'effort. Il ne faut pas

longtemps pour entendre les premières résonances métalliques. Ensuite, le singe réapparaît, la mâchoire et le déplacement encombrés par le sas de métal. Il transmet la pièce, qui redescend la pyramide avec plus de difficulté.

— Le ventilateur est bloqué, j'ai coupé les fils, mais on va avoir du mal à l'arracher.

— On ne peut pas aller plus loin ?

— On peut, c'est libre derrière, mais il faudra sortir le ventilateur.

— Tu veux faire comment ?

— Je n'ai pas d'idée, il faut un costaud, mais il faudra le hisser jusqu'ici.

— Impossible, on a déjà réalisé un exploit.

La voix de Kid se fait entendre :

— Vous ne voulez pas en discuter en bas ? Je n'en peux plus et je vais bientôt tomber.

Les assistants se précipitent pour stabiliser le Wallaby et la pyramide se déconstruit de haut en bas, jusqu'à l'Ours qui bâille d'ennui.

— C'est fini ?

— Pour aujourd'hui, oui.

— Ah, d'accord.

Il s'ébroue et va s'asseoir tranquillement contre le mur, en secouant sa colonne vertébrale.

La petite troupe, étendue à même le sol pour se détendre les muscles, questionne le Crabier :

— On ne peut pas entamer les fixations du ventilateur, comme l'ont fait le Tatou et les carabes ?

— Trop grosses, et il y en a quatre.

— Le Wombat n'arriverait pas à l'arracher ? Il est costaud et trapu.

— Mais un peu taciturne, gamine… Et comment l'envoyer là-haut ?

— Il faut déjà s'assurer que son popotin passe dans le conduit.

— Secrétaire, tu peux arrêter de tourner autour de nous ? Tes pas stressés me donnent le tournis.

L'oiseau s'arrête puis sourit, agacé.

— Et toi, gamine, t'es censée posséder le plus gros cerveau ici. Tu crois que c'est vrai ?

Kid fronce les sourcils et s'empêche de réagir à ces paroles. Elle est vexée. Ça n'est pas sa faute si des crétins de son espèce ont posé une bombe dans la salle, ça n'est pas sa faute si tout est bloqué, ça n'est pas sa faute si un ventilateur à la noix bloque la seule chance d'atteindre la surface pour dire qu'ils sont vivants, et qu'il faut se magner les fesses. Ça n'est pas sa faute si elle ne trouve pas d'autres solutions, elle n'a jamais dit qu'elle avait un plus gros cerveau que les autres, d'abord. Et puis le conduit, c'est son idée, il ne faut pas l'oublier ! Ça n'est pas sa faute si elle est humaine.

Kid se lève et remonte vers les fauteuils du haut, sans que personne ne la retienne. Assise, les bras autour des genoux, elle embrasse la salle d'un regard triste et constate sans émotion qu'une deuxième lampe ne fonctionne plus. Pour la première fois, elle se sent seule.

CHAPITRE XIV

HUMAINE

ÇA n'est pas sa faute si elle est humaine.

Sur la scène, un Mara s'agace :

— Non, je ne suis pas un cabricobaye !

Encouragés par cet accès d'irritation, les participants s'en donnent à cœur joie :

— Tu es un antiloprat !

— Un phacoécureuil !

— Un lamalapin nain !

Kid n'arrive même pas à sourire devant tant de sotte inventivité. À présent étrangère aux amusements des joueurs, elle est en colère et ressasse.

Le Serval s'est approché, puis s'est couché à ses pieds. Il reste là, comme s'il ne l'avait pas vue, la tête posée sur ses pattes. L'humaine ne réagit pas non plus et garde le visage fermé. Un long quart d'heure passe sans qu'aucun échange n'ait lieu. Mais Kid va mieux, le félin l'apaise et la calme. Son doux ronronnement la berce et sa présence à son côté ne peut être un hasard. Il est venu pour elle, c'est sûr.

Kid ouvre enfin la bouche, la referme quelques minutes, puis la rouvre :

« – Non, je ne suis pas un cabricobaye ! »

— Je suis dégoûtée de mon espèce.

Le félin cesse son ronron.

— Quelle étrange pensée.

Kid se tait, consciente qu'il lui faut bien exprimer ce qu'elle ressent pour être comprise. Mais ça reste confus, embrouillé par la colère. Une larme coule le long de sa joue.

— Ce n'est pas agréable, mais c'est comme ça, je suis dégoûtée. Tout le monde nous déteste, on fait tout le temps n'importe quoi.

— Je te déteste ?

— Je ne sais pas.

— Je ne te déteste pas, et tu le sais. Tu es en colère.

— Non, et puis la colère n'empêche pas de dire des choses justes.

— C'est vrai. Tu trouves que tu me donnes des mots justes en ce moment ? Ça veut dire quoi *dégoûtée*, pour toi ?

— Ça veut dire que j'en ai marre d'être humaine quand je vois qu'on est bloqué ici à cause de mon espèce, qu'elle ne fait rien pour nous sortir de là et n'en a jamais rien eu à faire, du partage de la Terre. Ça veut dire que j'ai honte des humains et que ça serait bien qu'on leur donne une bonne leçon.

— « Leur » ? Pourquoi pas « nous » ?

— Parce que je ne veux plus rien avoir à faire avec eux. Je les renie.

— Tu es décidément une vraie petite humaine...

Kid ne manifeste pas sa surprise, renifle, puis relance :

— Pourquoi tu dis ça ?

— Parce que aucun animal, à part toi, ne pensera jamais à renier son espèce. C'est une idée absolument humaine. Renier son espèce, quelle pensée incroyable ! Pour faire quoi, pour aller où, avec qui ? Tu ne veux plus être humaine, d'accord. Sauf que tout prouve que tu l'es, tes dents, ta peau nue, tes deux mains et ta façon de marcher debout. Et ça ne gêne pas ton cerveau, si volumineux pourtant, de penser que tu peux quand même être autre chose qu'une humaine ?

— Le Chat et le Rat ont aidé à provoquer l'explosion. Tu crois qu'ils n'ont pas renié leurs espèces ?

— N'importe quoi. Chats et rats vivent avec les humains depuis très longtemps, ils ont juste agi avec intérêt. Vous, je dis *vous*, leur fournissez tout ce dont ils ont besoin, et plus même. Ils ont choisi de protéger leur confort, leur niveau de vie actuel. Dans l'intérêt d'une partie de leurs espèces, justement, comme certains individus de la tienne l'ont fait en pulvérisant ce Sommet, et c'est tout le contraire du reniement.

Kid ne répond rien, toujours aussi contrariée.

— Tu persistes ? Soit. Sache que personne ne veut de toi, qu'aucune espèce n'a besoin de ta colère, ni de ta pitié, ni de tes drôles de pensées. Tu es fâchée des actes de ton espèce, O.K., vois ça avec elle, contente-toi de faire de ton mieux pour nous laisser de la place, en surface, agis ou défends-nous lorsque tu peux, à ton niveau, ça sera déjà très bien, et dis à ton gros patapouf de cerveau d'arrêter de tourner à vide, humaine !

Le Serval se lève, secoue son échine, lance un regard tendrement amusé à Kid, puis s'éloigne tranquillement. Elle le regarde, émue par l'élégance et la sérénité de sa démarche. Puis le félin tourne une dernière fois la tête.

— Et cesse de t'apitoyer, ton espèce ne vaut pas plus que les autres, mais pas moins non plus. Dors. Demain, quand tu seras prête, rejoins-nous, on a un ventilateur à décrocher.

La lumière s'éteint, la vie nocturne s'éveille tandis que Kid glisse dans sa deuxième nuit.

CHAPITRE XV

CHEWING-GUM ET VIS

ENCORE une fois, Kid se lève plus tard que la plupart des animaux. Elle a fait des rêves et de petits cauchemars, mais a dormi. Elle rejoint rapidement son groupe au centre de la salle, toujours sous le conduit. Elle décoche un merveilleux sourire en guise de bonjour, signe aussi qu'elle est de retour et en a fini avec ses errements de la veille.

Le sourire est largement partagé et Kid entame la discussion :

— Il nous faudrait des outils. Une corde qu'on accrocherait là-haut, au ventilateur, et qu'on pourrait tirer depuis le sol, tous ensemble. La structure métallique des fauteuils pourrait aussi servir de pince ou de marteau, pour taper dessus.

— Prends le temps de déjeuner, gamine, la journée va être longue.

Kid accepte l'épi de maïs que le Raton laveur lui apporte, compte machinalement le nombre de grains qu'il a barboté et décroche de ses petites dents ceux qui restent.

— Une corde, c'est une bonne idée. On va chercher ça ce matin, voir si on trouve quelque chose qui pourrait s'en approcher.

— La corde pourrait aussi servir à monter le Wombat, ou même un animal plus lourd. Je vais voir si je trouve un truc.

L'humaine se redresse, mais le Secrétaire lui demande d'attendre :

— Tu vas chercher ta corde, c'est une bonne idée, mais avant, on va tenter autre chose. Le commando oiseaux est monté là-haut, pendant que tu dormais. Et l'Hirondelle a noté que le ventilateur n'est tenu que par quatre grosses vis.

La Pie, depuis son dossier de fauteuil, prend la parole :

— Je sais manier une brindille, activer des touches, me servir d'un grattoir, bref, tenir un outil dans mon bec. Je pourrai dévisser le ventilateur, si ce n'est pas trop serré.

— Bonne idée. Et si tu n'y arrives pas, on pourra remonter la pyramide et envoyer le Crabier.

— Holà, on se calme ! Ce n'est pas vous qui vous êtes fait fesser par le Marsouin. Je ne sais pas si j'ai envie de recommencer.

— Le singe a raison, on a eu une chance incroyable. Je ne suis pas sûr que ça puisse se reproduire, même en procédant différemment.

— On verra, on trouvera sans doute une solution, mais considérons que nous n'avons qu'une seule chance. Il faudra donc emporter le bon outil, celui qui s'adaptera aux vis. L'Hirondelle a dit que c'était une fente assez grosse, mais c'est imprécis.

Kid se répète les dernières paroles de la Pie, puis s'agite.

— Daman ! Daman, amène-toi !

L'animal ne tarde pas à surgir de sous les fauteuils.

— Daman, roi des voleurs, tu n'as pas mangé tous mes chewing-gums au cassis ?

— Je n'ai rien mangé ! J'ai vu le Porc-Épic qui faisait des bulles, avant l'explosion, mais je n'ai pas touché à tes chewing-gums !

— Cafteur, en plus. Si jamais, par hasard, tu les retrouves par terre ou sous un siège, apporte-les au plus vite.

Le Daman s'éloigne, surjouant l'indignation.

Kid hume l'air, grimace et se dit que les excréments poseront bientôt problème.

Le temps de s'inquiéter de ce souci grandissant, le Daman est de retour.

— J'ai trouvé ça sous le laurier-rose.

— Le Dik-Dik est donc coupable. Bien joué, inspecteur !

— Merci ?

— Merci beaucoup, c'est important.

L'humaine prend les trois chewing-gums et les tend aux autres animaux, paume ouverte.

— Je mâchouille, le commando oiseaux emporte mon chewing-gum et le colle sur la vis. Il nous rapporte l'empreinte et on trouve l'outil qui convient. La Pie essaie de dévisser le ventilateur et si c'est trop dur, on envoie un singe.

— Dans l'espace.

— Voilà.

Aucune objection n'est formulée, cela semble si simple. C'est d'ailleurs cette soudaine assurance de réussite qui inquiète le groupe et l'empêche de se détendre.

Une demi-heure plus tard, le commando oiseaux est de retour avec l'empreinte. Kid la récupère délicatement et reproduit sur l'une des feuilles de son carnet la fente de la vis, à l'identique.

— Il faudra trouver un outil juste légèrement plus fin que ce trait, pour être sûr que ça entre.

— O.K., gamine. Je crois qu'il est temps de faire l'annonce.

Le Secrétaire se dirige vers le bas de la salle, grimpe sur la scène et récupère, un peu écœuré, le micro des pattes de l'Iguane. L'ancien s'en servait pour se gratter le dos et enlever les écailles mortes de sa rude peau.

— Chères espèces, chères et chers camarades, chères et chers invités, pionniers de ce premier Sommet des Espèces. Chères et chers rescapés. Cela fait trois jours que nous vivons ensemble, et nous avons encore un peu de marge. Merci à tous de continuer à respecter tous les engagements que nous avions pris en vue de ce Sommet. Merci aussi pour vos efforts relatifs à la frugalité de nos repas. Les secours n'arrivent pas, et notre seule piste de salut réside dans ce conduit d'aération. Notre pyramide a été une formidable réussite, vous vous en souvenez, il n'est pas exclu que nous la retentions bientôt.

Un grand hourra spontané interrompt le Secrétaire, qui reprend bien vite, sourire au bec :

— Chères et chers rescapés. Nous allons tenter de dévisser le ventilateur qui bloque la sortie. La Pie effectuera la première tentative, et notre pyramide enverra un second champion en cas d'échec. En attendant, nous vous demandons de chercher et de trouver avec nous une pièce de métal : suffisamment courte et fine pour tenir dans le bec d'une Pie, elle pourrait servir de tournevis.

« – Je mâchouille, le commando oiseaux emporte mon chewing-gum et le colle sur la vis. »

CHAPITRE XVI

LE VENTILATEUR

LES efforts des animaux ne paient pas. Quelques pièces de métal trop grandes, trop larges, trop épaisses ou trop molles gisent au sol. Les premiers abandons se manifestent au bout de quelques heures, et la salle ne possède quasiment plus de secret.

Kid, le Gibbon et quelques autres, appuyés contre le mur le temps d'une pause, devisent de choses et d'autres. L'Oryctérope pointe le groin vers l'estrade écrasée, puis marmonne, méprisant :

— La montagne des flemmards.

— Pourquoi tu dis ça ?

— T'as vu beaucoup de félins et d'autres planqués des gravats depuis le début ?

— Non, c'est vrai.

— Ils n'en fichent pas une, ne participent à aucune recherche, à aucune action.

— C'est parce qu'on est assez.

— Je ne crois pas. Comme tous les prédateurs, ils gèrent tranquille. C'est souvent comme ça. C'est à nous, les proies, d'inventer.

— J'ai vu plusieurs fois le Serval, ce n'est pas une feignasse.

— Je n'ai pas dit *tous*, mais quand même, ils abusent.

— Ils nous aident à leur façon : ce sont de gros mangeurs de viande, or ils mangent très peu depuis trois jours. On a tout intérêt à ce qu'ils ne dépensent pas trop d'énergie, sinon on va avoir quelques soucis. Alors, qu'ils flemmardent !

Kid est parcourue d'un long frisson. Elle n'avait pas pensé à ça. Ou plutôt, elle avait tout fait pour ne pas penser à ça. Lorsque la nourriture manquera, c'est-à-dire dans pas longtemps, il faudra s'attendre aux premières attaques.

Un bruit de casse la tire de son angoisse. À quelques mètres de là, une lampe murale vient d'éclater au sol. La faute au Marabout, qui, par désœuvrement sans doute, s'est mis en tête de la réparer, puisqu'elle était défectueuse, et de lui redonner vie.

Soudain, Kid se crispe.

— Regardez qui voilà.

Le Chat, qui a surgi de la montagne, longe le mur de sa démarche perfide, puis s'arrête sur les débris de lampe. Il y donne trois coups de patte, fait dégager deux morceaux et balance le troisième vers l'humaine.

L'éclat glisse et tourne sur le sol, pour finir par s'échouer devant le Secrétaire. Le Chat lance un dernier regard insolent, puis s'en retourne vers la montagne. Personne ne bouge, comme si quelque chose d'extraordinaire venait de se passer. Personne ne parle, et la main du Gibbon glisse enfin de la chevelure à l'éclat, le récupère et le fait tourner devant les yeux de Kid : voici une pièce métallique de petite taille, assez solide et de bordure étroite.

Elle lui arrache le fragment des mains, ouvre rageusement son carnet à spirale à la bonne page et compare les deux largeurs de fente : c'est bon. Voici enfin le tournevis tant espéré.

Le branle-bas de combat est général, la foule s'amasse sous le conduit et le commando oiseaux décolle. La Pie est de retour moins d'une dizaine de minutes plus tard. Elle n'a pas eu la force pour desserrer une vis. C'est un échec.

Mais c'est un échec de peu de conséquence, car, excellente nouvelle, la pièce convient parfaitement. Le moral des troupes s'envole, même, puisque tous s'écrient immédiatement :

— Le Macaque dans l'espace ! Le Macaque dans l'espace, le Macaque dans l'espace !

Le Macaque crabier fait la grimace, dépité, mais trouve la force de rire avec les autres. Sous l'ovation qui s'éternise, en se massant les fesses par anticipation, il prend la direction du bassin. Kid le rattrape, lui donne son sac à dos et lui glisse quelques mots en caressant sa nuque :

— Si tu arrives à passer, tu fonces, tu t'occupes plus de nous, tu trouves du monde et tu leur dis de se magner. Je t'ai mis quelques graines, de l'eau, et un mot à leur transmettre. Ça va marcher, punaise. Bon vol !

Tandis qu'il redescend jusqu'au bassin, où l'attend un cétacé rayonnant, tous s'activent à remonter la pyramide. Quelques modifications sont envisagées pour la rigidifier : ainsi, le puissant Bonobo remplace Kid, et le Tatou tronqué, dont les griffes ne sont plus utiles, cède sa place au Raton laveur, si fortiche de ses mains baladeuses.

Tout le monde se met en place, acteurs comme assistants, et la pyramide se monte, Ours sous Wallaby sous Bonobo sous Gibbon sous Raton laveur. Les assistants sécurisent les côtés contre le tangage, la foule retient son souffle, puis soudain : SPLACH !

— Mayday mayday mayday !

La trajectoire est meilleure que la précédente : le Crabier tombe dans les bras du Gibbon qui lui colle une bise au passage et le hisse sur son crâne, aidé par le Raton laveur.

Sans un regard, le singe s'engouffre dans le conduit. À la surprise générale, il porte désormais un sac à dos gris à rayures noires, le Raton laveur ayant apparemment décidé de l'accompagner dans sa tentative ! Agrippé au sac, il quitte le navire. D'abord sidérés par l'attitude de l'animal, son départ n'était évidemment pas prévu, Kid et ses camarades sont rattrapés par le concert de bravos.

Tout va très vite ensuite, le singe dévisse le ventilateur, qui chute et s'écrase au sol. Grattements et frottements s'éloignent, puis plus rien.

Plus rien.

La foule des animaux n'a plus qu'à attendre. Attendre et espérer. Attendre que Crabier et Raton laveur cheminent jusqu'aux secours. Espérer qu'ils ne tombent pas sur d'autres obstacles infranchissables.

Après l'excitation de cette seconde tentative, le calme est terrible. Des animaux errent, d'autres somnolent, tous sont écrasés par l'attente qui s'annonce et par le fait que leur salut repose désormais sur les épaules d'autres créatures, loin d'ici.

« À la surprise générale, il porte désormais un sac à dos gris à rayures noires, le Raton laveur ayant apparemment décidé de l'accompagner dans sa tentative ! »

CHAPITRE XVII

QUATRE JOURS

LE troisième réveil est difficile. La faim n'est plus loin et l'odeur forte qui emplit la salle rappelle que l'accumulation d'excréments sera bientôt ingérable.

— Bloquez vos fesses, les enfants, on suit plus. On n'est pas assez !

Le Bousier se désole d'être débordé. Lui et les autres, coléoptères, mouches et cafards, n'arrivent plus à manger la crotte qui s'entasse dans les allées.

— Te plains pas, vous êtes bien les seuls à manger à votre faim !

— Rigole, tu riras moins quand tu disparaîtras sous une tonne de caca.

« Le Bousier se désole d'être débordé. Lui et les autres, coléoptères, mouches et cafards, n'arrivent plus à manger la crotte qui s'entasse dans les allées. »

La matinée est molle, sans énergie. Le Secrétaire marche et marche, perché dans sa propre tête. Kid dessine machinalement sur son carnet à spirale. Elle y croque l'assemblée, ses fauteuils aux dossiers couverts de fiente, le bassin dont l'eau tourne verdâtre, la montagne qui se fait de plus en plus hostile et que les animaux contournent systématiquement à présent. Elle dessine aussi le Secrétaire, le Serval et quelques autres. Parfois, une larme délave son croquis. La situation des rescapés est grave, suffisamment grave pour que ses yeux cessent de pleurer et se contentent de lâcher quelques gouttes de temps en temps. Elle y croit toujours, et plus que jamais, mais elle sait aussi que l'échec est une possibilité. Elle préfère penser le mot *échec* que le mot *mort*, et laisse ce dernier toujours à distance, tant la notion de mort semble étrangère à son jeune corps.

Vers ce qui pourrait être le milieu de l'après-midi, au moins sous terre puisque le temps n'y passe plus comme là-haut, en surface, un cri retentit. Après avoir soufflé d'agacement, le Chimpanzé a quitté les trois sièges qu'il occupait. Il s'est redressé, a enjambé les fauteuils suivants en vociférant. Il se frappe le torse et ses coups résonnent dans toute la salle. Il hèle, il réclame l'attention et ne cesse ses démonstrations que lorsqu'il l'obtient. Cheminant, il grimpe sur la scène et saisit le micro.

Son regard brûlant glisse sur tous, scanne la salle de gauche à droite, implacablement, et chacun ici pourrait assurer que le grand singe l'a ainsi visé droit dans les yeux.

L'atmosphère est électrique, l'animal a réussi à réveiller quelque chose, quelque chose de terriblement profond. Il a réveillé le chant de la vie, de la révolte, de l'inquiétude et de la peur. Il a réveillé l'Animal.

— C'est quoi, cette équipe de larves ?

Le micro cabossé a rendu l'âme. Le singe le jauge avec mépris et le balance contre un mur. Il reprend, d'une voix plus rageuse encore :

— C'est quoi, cette troupe de morts-vivants ? On est venu pour un Sommet. On est venu pour demander des comptes et parler de nos vies. De nos vies rendues si difficiles ou si tragiques. Parce que l'humain ne partage plus depuis si longtemps, et accélère ses razzias égoïstes. Alors parlons, parlons encore, parlons toujours de nous ! Qui a dit que ce Sommet est terminé ? Qui a dit que ce Sommet est un échec ? Qui a dit qu'il n'y a plus rien à dire ?

Le Chimpanzé semble en transe, il trépigne, sautille, et le voilà imité par la foule. Tout le monde bondit et rebondit. L'énergie est intense et Kid savoure cet instant puissant et inédit, les veines échauffées par le sang qui y court. Le Chimpanzé rit maintenant, à grandes dents, heureux lui aussi de cette force qu'il vient de libérer.

— Qui a dit qu'il n'y a plus rien à faire ? Qui a dit que nous allons mourir ? Qui a dit que nous sommes mortels ?

L'hominidé enchaîne les tirades, et sa logorrhée devient chant. La salle n'est plus que nervosité et spasmes. Les corps ont pris le dessus, les cellules mènent la danse. Kid ne pense plus avec son gros cerveau, mais avec tout son corps, elle respire et s'essouffle avec tout son corps, elle ne s'est jamais sentie aussi vivante et sourit de tout son corps.

Le Bonobo vient rejoindre son acolyte sur scène, l'embrasse sur le crâne et lui mordille l'oreille. Il entre dans le show, un écran d'ordinateur ébréché sous un bras et le micro hors service au bout de l'autre. Il surjoue la bipédie, droit comme un I. L'imitation est réussie et se passe de mot. Il lui suffit de bouger et de mimer quelques expressions pour que l'assistance s'esclaffe.

Il en rajoute un peu, mais cette caricature d'*Homo sapiens* ne perturbe pas Kid. Elle ne se sent plus visée. Ou plutôt si, et c'est mérité, mais avec la certitude que les choses vont changer, que quelque chose a déjà changé. Avec la certitude que ce monde-là est déjà loin, qu'il vit ses derniers instants en surface, aux mains de quelques-uns, et que l'Homme n'est déjà plus seul et se sait désormais animal parmi les animaux, habitant parmi les habitants, terrien parmi les terriens. À présent, elle rit et s'amuse aux gesticulations comiques de l'animal.

Le duo ne faiblit pas. Le Serval s'approche de Kid, frôle sa jambe et se signale d'un ronron.

— Ça va, l'humaine ?

— Ça va bien, félin. C'est trop mal imité, mais c'est cool.

CHAPITRE XVIII

CHAUD ET FROID

LE Sommet a repris, dans cet espace dévasté. Les espèces se succèdent à nouveau sur scène, à l'appel du Secrétaire. L'oiseau se rengorge, radieux d'avoir renoué avec le protocole même si, avec la fatigue et l'angoisse dévorante, la concentration n'est évidemment plus celle du début.

Certains animaux sont retournés à leurs affaires. C'est le cas du Marabout, oisif, qui furète le long du mur et se met en tête de réparer une nouvelle lampe. Il ouvre le boîtier d'un coup de bec, pince et moleste les fils qui mènent à l'ampoule, et soudain c'est l'incident. L'oiseau vient de provoquer un court-circuit et le boîtier commence à brûler. Des flammes s'échappent de la lampe. Le Marabout recule et les premiers cris retentissent. La panique ne tardera pas à se répandre, tant la crainte du feu est grande. Les animaux s'éloignent et se regroupent autour du laurier-rose du Dik-Dik, à l'opposé du feu. Aucun d'eux ne pense à l'éteindre, Kid reste elle aussi figée, sidérée par l'effet qu'il a sur les êtres.

Elle sort finalement de sa torpeur, file vers la lampe et tente d'écraser le feu à l'aide d'un dossier de fauteuil. Elle ne réussit

« Il ouvre le boîtier d'un coup de bec, pince et moleste les fils qui mènent à l'ampoule, et soudain c'est l'incident. »

qu'à l'embraser lui aussi et attise ainsi la terreur des animaux. Une fumée noire s'élève maintenant du dossier enflammé.

Kid s'éloigne, navrée de l'échec de sa tentative, et surtout de l'aggravation du sinistre.

La fumée s'épaissit et atteint le plafond. Les prédateurs eux-mêmes sont inquiets, si l'on en juge par leur présence sur les blocs de gravats de la montagne. Ils ont quitté leur cachette et constatent l'étendue des dégâts. Kid en découvre deux ou trois qu'elle n'avait pas remarqués, comme ils se terrent depuis quatre jours.

La fumée noire rampe sous le plafond.

Soudain, une sirène retentit et génère un nouveau mouvement de foule. Elle hurle en continu tandis que la fumée progresse. L'agitation se répand à tous les animaux, petits et grands courent le long des murs, tournent en rond et se tamponnent, livrés à la panique. Kid est obligée de se hisser sur un fauteuil pour éviter d'être heurtée ou même écrasée.

Les mécanismes antifeu se déclenchent enfin et huit jets d'eau se mettent en marche, crachant leurs douches depuis le plafond. Il pleut dans toute la salle, et il ne faut pas longtemps pour éteindre l'incendie. La panique cède la place à la surprise puis à la stupeur. Les mouvements incohérents cessent, les corps se calment et les inquiétudes s'apaisent.

La pluie redouble. Elle lave les sièges de leur guano et lessive le sol de ses excréments. Elle y plaque les odeurs fauves qui entravaient la respiration.

La pluie redouble et les grenouilles recommencent à chanter. Elles célèbrent l'humidité nécessaire à leur peau si fragile.

La pluie redouble après quatre jours privés de douche.

Cétacés et poissons plongent et replongent de plaisir dans l'eau renouvelée de leur bassin. Ils y sont bientôt rejoints par une foule joyeuse et désireuse de partager ce bon bain.

Les mammifères s'ébrouent, les oiseaux se lavent dans les ruissellements, les mollusques envahissent le mur du fond et les grenouilles coassent de plus belle. Seul le Chat fait le difficile, terré sous un bloc de béton. Il n'aime pas l'eau. Kid se frotte les cheveux en riant. Cherchant le Gibbon dont la main lui manque, elle se retourne et le découvre bien maigrichon, les poils plaqués par l'eau, en plein épouillage.

Mais la pluie bienvenue, qui a succédé à l'incendie, a tout aspergé. L'humidité s'est répandue dans les moindres recoins, fentes et trous.

Quelques étincelles crépitent dans une des multiprises et les plombs finissent par sauter.

À nouveau l'obscurité.

Le noir.

La joyeuse ambiance est retombée d'un coup. Il ne reste que des miettes à manger et la lumière est perdue pour toujours. Kid tremble dans ses vêtements trempés et attend que ses yeux s'habituent aux ténèbres. Elle devine plus que ne voit l'approche du Gibbon et accueille le singe avec reconnaissance. La chair de poule s'éternise sur ses avant-bras malgré la chaleur de l'animal. Des sons étranges, doux et mélancoliques, traversent l'espace. Tout est calme alentour et chacun se prépare à ce qui sera certainement sa dernière nuit.

Kid lâche quelques larmes, puis renifle.

— Tu pleures, gamine ?

— Secrétaire ?

— Lui-même. Tu m'as habitué à plus de courage, dis donc.

— J'ai froid.

— Je m'en doute. Quelle idée d'avoir refusé poil, plume ou écaille ! C'est pour faire la belle ?

— Je n'ai rien refusé du tout !

— Je sais, c'est une blague. Tu devrais quitter ton tee-shirt trempé et t'approcher.

Le Secrétaire perçoit la réticence de l'humaine.

— Il fait tout noir, personne ne te verra !

Kid retire son haut un peu gênée et sent une présence dans son dos.

— Manchot ?

— Manchot, oui. Pas de bras, mais de douces plumes. Te revoilà, peau-nue, et une fois encore bien démunie ! Approche et viens dormir.

Kid se glisse sur les pattes de l'Empereur, dans l'accueillant duvet. Elle tressaille sous le réchauffement de son corps, puis lâche un faible « merci » avant de sombrer dans le sommeil.

CHAPITRE XIX

LA LUCIOLE

KID se réveille en sursaut. Lovée dans le duvet du Manchot, elle n'a pas froid. C'est autre chose qui l'a éveillée. L'oiseau sursaute à son tour. Les sons se font de plus en plus nets. Le Manchot se crispe encore. Les bruits d'une poursuite, d'un dérapage, d'une chute, d'un choc résonnent, un cri déchire l'obscurité. Et puis plus rien. Kid comprend ce qu'il se joue plus loin. Les prédateurs ont faim et viennent de faire leur première victime. La trêve est rompue, le Sommet n'est plus. Terrorisée, l'humaine se rétracte, grelotte de peur, mais finit par se rendormir.

Son second réveil est moins violent. Elle sort doucement la tête et constate avec désespoir qu'elle n'a pas cauchemardé. Il fait noir dans la salle.

— J'ai dormi combien de temps, Manchot ?

— Est-ce si important ?

— Pour moi, oui.

— Quelques heures peut-être.

Kid tâtonne et avance à quatre pattes vers le premier fauteuil. Elle y tâte son tee-shirt et constate qu'il n'a pas séché.

Elle s'étend sur le dos, bras étendus. Le contact du sol lui fait du bien, ses yeux s'habituent à l'obscurité.

Une frêle lueur apparaît au-dessus d'elle. C'est une luciole, sortie de la bouche d'aération. Seule, elle n'émet qu'une faible lueur, mais c'est assez pour réchauffer le cœur de Kid. L'humaine se souvient de ses dernières vacances à la campagne, lorsqu'elle s'allongeait dans l'herbe, dans l'air chaud du crépuscule, en lisière du bois. Émue, elle oublie la gravité de la situation et reste ainsi de longues minutes.

Son regard est bientôt titillé par une lueur plus importante, sur le côté. Elle tourne la tête et perçoit un éclair entre les blocs de la montagne. Kid se dit qu'un de ces insectes lumineux, bien plus gros, y réside. D'autres brefs éclats jaillissent, comme fragments de rayons. Intriguée, elle se redresse et s'avance prudemment vers la scène.

— Tu vas où, gamine ?

— Vers la montagne, Secrétaire, t'as vu les éclats de lumière là-bas ?

— J'ai vu. J'ai vu aussi que les félins ont rompu les engagements du Sommet.

— Je sais. Mais je veux voir qui fait autant de lumière. Regarde !

Un rayon vient de surgir entre les blocs et laisse une courte trace au plafond.

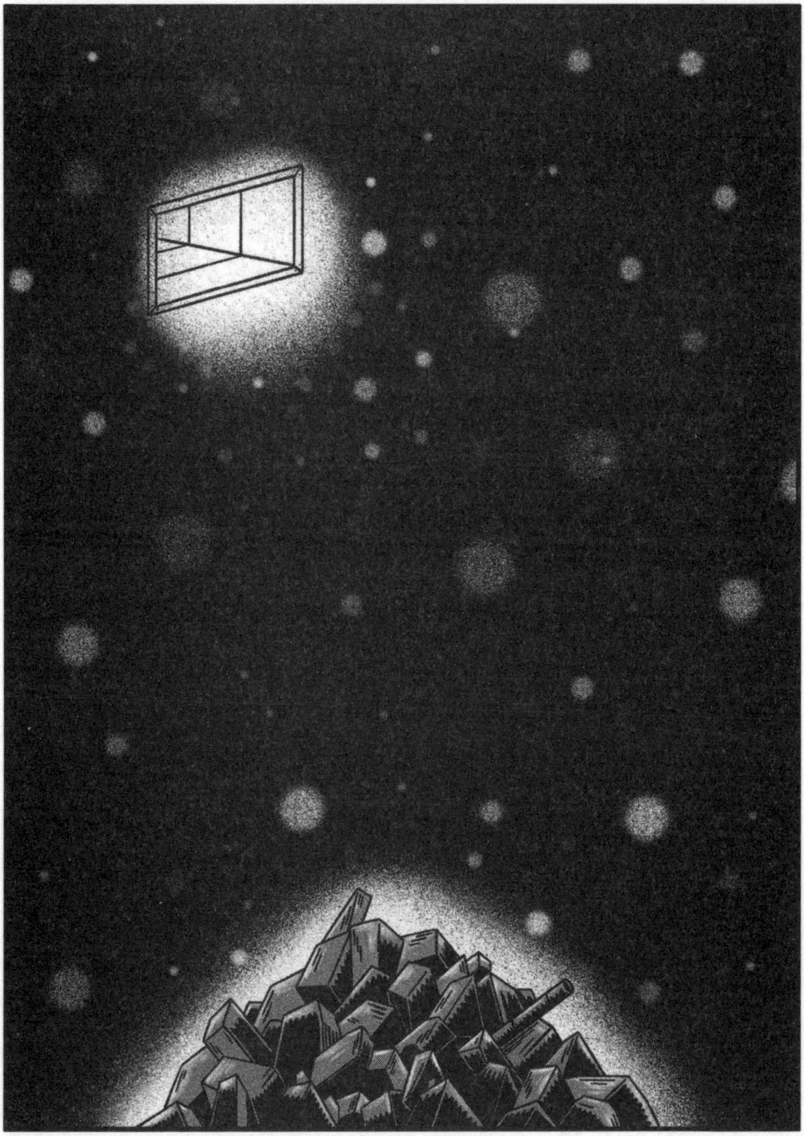

« Une frêle lueur apparaît au-dessus d’elle. »

— Tu as vu ?

— J'ai vu, c'est trop puissant pour un insecte, c'est autre chose.

Le Serval s'est approché furtivement. Humaine et oiseau stoppent dès le félin aperçu, à la faveur d'un nouvel éclair. Les muscles bandés, prêts à se détendre, ils se taisent. La confiance, elle aussi, a disparu. Mais l'animal a perçu la méfiance, et s'efforce de la désamorcer d'un sourire invisible toutefois perceptible à l'oreille.

— Je ne sais pas ce que j'ai, je n'ai pas beaucoup d'appétit en ce moment.

Kid et le Secrétaire marquent un temps d'hésitation, puis se remettent en marche.

Le trio n'est plus très loin de la scène lorsque le faisceau de lumière se libère au sommet de la montagne. La silhouette du Daman apparaît en ombre chinoise contre le mur du fond. L'animal s'amuse de se voir ainsi et multiplie les postures, la face en pleine lumière.

— Daman ! Daman, amène-toi !

— Quoi ?

— Viens ici, on est en bas.

Le faisceau bascule et vient balayer le sol, à la recherche du trio.

— Daman, c'est quoi, cette lumière ?

— Je ne sais pas, je ne savais pas que ça éclairait.

— Arrête tes bobards, c'est plus l'heure. T'as trouvé ça où ?

— Dans la salle, entre les fauteuils.

Le Serval rugit comme il ne l'avait jamais fait, Kid sursaute et le Secrétaire perd une nouvelle plume dans la panique. Le Daman, lui aussi réceptif à la menace du prédateur, rectifie :

— Ça pendait sous le conduit, j'ai juste tiré dessus.

— Ça pendait ?

— Oui, ça pendait au bout d'un câble.

— Apporte tout de suite ta lampe, vite !

Kid lui arrache l'objet des mains, inspecte rapidement l'engin et se met à crier :

— Ils ont réussi ! Ils ont réussi ! Daman, tu as trouvé ça quand ?

— Avant le feu.

— Ils ont réussi !

— Qui ? Quoi ? Explique-toi !

— Ça ressemble à une lampe, ça fait de la lumière, mais c'est une caméra ! Ça vient de là-haut, ils ont mis une caméra dans le conduit pour voir si on était toujours vivants.

— Et toi, tu l'arraches, imbécile !

— Je n'ai pas dit que je l'avais arraché !

— Ce n'est pas grave, il y avait de la lumière à ce moment-là, avant le feu. Ils ont donc vu qu'on était toujours là !

La nouvelle se répand comme une traînée de poudre et la nuit grouille de mille discussions. Chacun y va de ses hypothèses. Jamais ténèbres n'ont été aussi agitées, aussi pleines de paroles et d'espoir.

Les lucioles se sont regroupées au milieu du plafond et le nombre produit assez de lueurs pour habiller la salle d'un voile blanchâtre.

Kid a regroupé ses affaires : tee-shirt, carnet à spirale en forme d'étoile de mer, stylo. Assise en tailleur, elle se laisse épouiller par le Gibbon. Elle a quoi, quatre jours de retard, cinq peut-être, elle ne sait plus trop, mais ses parents s'en remettront ! Ça arrive à tout le monde, d'être en retard, on ne va pas en faire une maladie ! La jeune fille est heureuse, son sourire découvre de petites dents à l'hygiène désormais douteuse.

Un peu plus tard, le Caracal hurle à son tour :

— Ça vibre !

D'autres animaux relaient l'information et la précisent de leur ressenti :

— Il y a quelque chose qui vibre en haut !

— Ça se rapproche !

Chacun suspend son souffle, puis le bruit devient audible pour tous. Les vibrations s'intensifient et chacun oscille entre peur et joie, entre nouvel effondrement et sauvetage.

— Attention !

Un fatras jaillit soudain du conduit d'aération et se déverse en pluie. Un bruit métallique résonne et une forme sphérique rebondit sur le sol. Enfin immobilisé, l'engin clignote quelques secondes, puis sature la salle d'un flash monstrueux. La lampe reçue éclaire comme en plein jour.

Lorsque les animaux rouvrent les yeux et s'accommodent enfin du retour de la lumière, ils découvrent, ébahis, qu'un repas vient de leur être servi : des victuailles ont accompagné la lampe et jonchent le sol.

Les estomacs sont vides, mais la surprise est telle que personne ne bouge. Le Chimpanzé lève le poing.

— Bonjour le service ! Même pas de nappe, à même le sol... On n'est quand même pas des bêtes !

Il conclut ses paroles d'un grand rire et se jette sur une main de banane. Chacun l'imite et le tas de vivres vomi par l'aération est consommé. La foule est avachie, repue et bavarde. Plus rien ne presse, à présent. Kid a repris du chocolat et c'est la bouche encore maculée qu'elle s'en va renfiler son tee-shirt.

Le Secrétaire remonte sur la scène, ramasse le micro inutilisable, se frotte les dernières plumes de la nuque et prend la parole :

— Chères espèces, chères et chers camarades, chères et chers invités, pionniers de ce premier Sommet des Espèces. Chères et chers rescapés. Chères et chers rescapés, j'insiste, je crois que nous sommes sauvés.

Il cherche ses mots, mais ne les trouve pas. Il cherche une formule clinquante, une phrase profonde, il cherche de quoi illuminer son discours en ce moment exceptionnel, mais reste coi. Rien ne vient. Il sourit, reporte le micro déficient à son bec, puis le laisse tomber au sol dans le même mouvement. À voix nue et chevrotante, il écarte les ailes.

— Chères espèces, chères et chers camarades, chères et chers amis, je crois que nous n'avons pas été mauvais.

CHAPITRE XX

CLÔTURE

LES espèces capables de passer par le conduit sont évacuées les premières. Les sauveteurs ont descendu une nacelle accrochée à une corde depuis la surface. Le transport, de bas en haut, de la salle à l'air libre, occupe les rescapés pourvus de mains, de pieds ou de queues capables de saisir les choses : prendre l'animal ou son contenant, bocal, aquarium, terrarium, le glisser dans le panier d'évacuation, tirer trois coups sur la corde, assurer le passage de l'entrée de l'aération lors de l'ascension, puis attendre le retour de la nacelle vide.

Le Gibbon, anticipant l'aurevoir, ne quitte plus Kid d'une semelle.

Un gros tiers des participants a déjà quitté la salle : le Tatou tronqué, le Caracal, le Poisson-Pomme de pin, l'Iguane, la Pie, l'Hirondelle, le Dik-Dik, le Mara, le Kéa, le Marabout, le Scorpion, les bourdons, les grenouilles, les lucioles, les chauves-souris, les carabes, l'Oiseau moqueur, le Corbeau, les fourmis, les escargots, le Bousier, le Wombat, les virus et le Hibou.

Puis vient le tour du Chat.

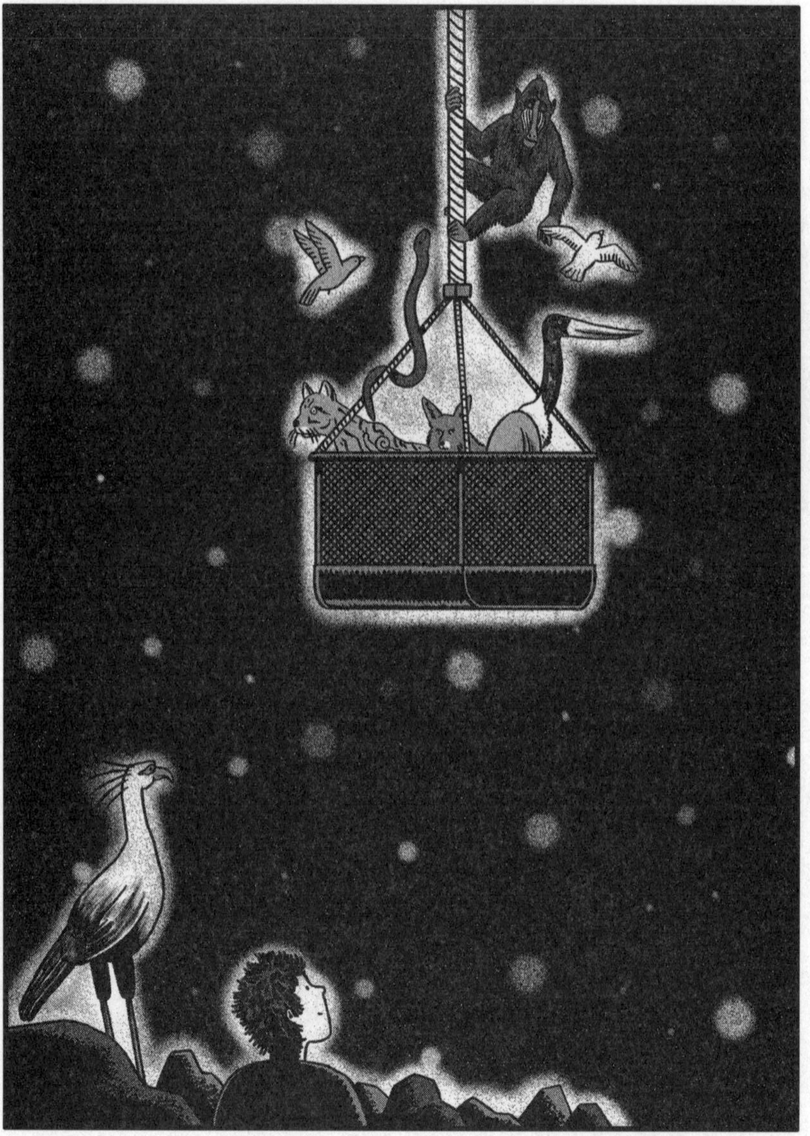

« Les sauveteurs ont descendu une nacelle accrochée à une corde depuis la surface. »

Puis vient le tour du Chat et du Rat.

Le félin s'approche, faussement désintéressé, et s'assied près de Kid. Le Rat le rejoint et tous deux attendent le retour de l'ascenseur, sans un regard l'un pour l'autre. Le premier se lèche le poil, la patte haute, comme il le fait tous les jours de son existence depuis sa naissance. Kid l'a vu, mais ne le regarde pas non plus. Elle ne sait quoi dire, quoi faire, et si elle doit dire ou faire quelque chose d'ailleurs. Ils ont déclenché l'explosion. C'est à la fois très grave et dérisoire en cet instant de sauvetage. Démunie, elle décide de se taire. Le panier retombe, le Chat se redresse et s'y installe d'un bond. Le Rat hésite quelques secondes, tout comme Kid, qui grimace à l'idée de devoir toucher l'animal pour le porter dans la nacelle. Il tente finalement un saut, qu'il réussit. La corde est tirée trois fois, puis l'ascension débute. Au passage de l'entrée du conduit, Kid entend distinctement miauler :

— Sommet de pleurnichards !

Un peu écœurée par cet adieu, elle lance un nouvel appel à embarquement.

L'Ocelot, le Jabiru, le Mainate, le Chacal, la Tortue de Floride, le Troglodyte mignon, les mouches, le Mandrill, le Porc-Épic, les abeilles, le Paresseux, les cigales, les grillons, les criquets, le Krill, les blattes, les araignées, le Pique-Bœuf, le Crabe de cocotier et le Ratel rejoignent la surface.

Kid serre longuement le Manchot dans ses bras, glisse son nez dans le duvet de l'oiseau, y inspire une grande bouffée, se frotte le nez et hisse l'Empereur dans la nacelle.

— Et voilà que tu essaies de faire voler un Manchot, peau-nue, tu es vraiment un drôle d'animal !

Kid rit de bon cœur, et agite la main.

— Bon retour !

Puis elle jette un œil alentour, vérifie qu'il ne reste que la faune trop lourde ou trop large pour voyager par conduit, et se tourne vers le Secrétaire :

— C'est à ton tour, je crois.

— Je ne crois pas, non.

— Et pourquoi ?

— Je pars en dernier.

— Et pourquoi ?

— J'ai ouvert ce Sommet, je fermerai ce Sommet.

Ensuite, il s'éloigne et furète çà et là, à la recherche d'autres candidats au départ. Kid le regarde s'éloigner, émue par l'oiseau fatigué, déplumé, mais encore si élégant.

Un cliquetis empressé s'approche sous les fauteuils et c'est sans surprise qu'apparaît le Daman.

— C'est bon, pilote, on peut y aller !

L'humaine le regarde, consternée : il est lesté de tout un tas d'objets glanés dans la salle, dont une horloge atomisée, une gourde cabossée en métal, une lampe murale et un micro défectueux.

Décollant lui aussi vers la surface, il plante une plume bleue d'Ara dans les cheveux de Kid.

— Tu allais oublier ça. Le jour où tu perdras la tête, appelle-moi !

Les grosses bêtes seront récupérées plus tard, après quelques aménagements du conduit. Les équipes de secours y travaillent, le son des marteaux piqueurs vibre déjà dans le béton.

La tâche de Kid est achevée. Le Gibbon le sait et serre ses cheveux à lui faire mal. Elle se retourne vers le singe.

— C'est l'heure, Gibbon.

— Je sais.

— Tu n'as jamais autant parlé en quatre jours.

— Ah.

— Je ne sais pas si on se reverra là-haut, alors j'ai quelque chose pour toi.

Elle sourit et récupère tendrement sa mèche pour la porter à sa bouche. Elle en ajoute une autre bien épaisse, puis commence à cisailler ses propres cheveux de ses petites canines, faute d'outil plus adapté. Elle peine, mâchouille, mais réussit finalement à s'en détacher une belle poignée. C'est lorsqu'elle l'offre au Gibbon, qui accepte le présent en tremblant et le fourre sous ses aisselles, qu'une dernière larme glisse sur sa joue et s'écrase sur le sol maculé de la salle.

Kid grimpe dans la nacelle.

Trois coups sur la corde.

C'est parti.

Attention la tête.

ÉPILOGUE

KID, APRÈS…

JE connais bien Kid. Je sais qu'elle a conservé son carnet à spirale en forme d'étoile de mer, riche d'empreintes de pattes, de traces de dents et de griffes, de dessins de pyramides animales, de schémas de vis, de taches de bave et de mucus.

Le retour à la surface n'a pas été si facile. Kid était certes sauvée et avait retrouvé ses parents, ses amies et amis, mais ce fut comme si le monde s'était rétréci en ces quatre jours d'absence. Elle avait été reine du collège à sa rentrée, tous l'avaient acclamée et réclamaient sa présence. Quelques radios s'étaient déplacées pour l'interviewer, quelques photographes avaient pris son portrait. Son article avait plu et les fans ne manquaient pas. Mais il lui manquait quelque chose. Elle souriait en me le racontant, mais je crois que ça lui a fait bizarre de replonger dans un monde exclusivement humain. Plus de Manchot ni de Gibbon. Plus de Serval ni de Daman. Elle y pensait parfois le soir dans sa chambre, en éteignant sa lampe de chevet, et tâchait de se souvenir de tout, même des moments difficiles, même du Chimpanzé.

L'affaire de l'attentat du Sommet des Espèces battait alors son plein. Une enquête fut ouverte, diligentée et abondamment commentée. Le représentant humain focalisa longtemps l'attention : retrouvé dans les toilettes, fermées de l'intérieur, au bout du deuxième jour, il admit s'être enfui du Sommet, traumatisé par tant de bruit et de fureur, incapable de trouver sa place d'*Homo sapiens* au sein de l'agitation du monde et d'honorer sa mission. Incapable aussi d'assumer sa responsabilité dans l'état de la planète de 2030. Il fut cuisiné, houspillé, rudoyé même. Il se fit traiter de terroriste, de criminel, de petit soldat à la solde des puissants soucieux de piller ce qui pouvait l'être encore. Resté sur sa version initiale malgré les zones d'ombre de sa déclaration, il n'écopa que d'une faible peine, puisque dégagé de toute responsabilité dans l'organisation de l'attentat, faute de preuve. Kid et moi l'avions croisé quelques semaines après le sauvetage, tandis que nous ramassions les bouteilles en plastique échouées sur les berges du fleuve. Il purgeait sa peine d'intérêt général en ressemant la rive de graminées et de coquelicots, et ne la reconnut pas.

Kid fut bien sûr entendue, mais son récit des heures qui précédèrent l'explosion ne permit pas d'avancer. Elle parla de l'autre humain, qu'elle n'avait pas vu quitter la salle, puis du Chat et du Rat. L'enquête, ne reposant plus que sur les paroles d'un félin et d'un rongeur, perdit toute crédibilité. D'ailleurs, comme en guise d'aveux, le Rat avait rejoint les égouts de Paris sans demander son reste, tandis que le Chat fut aperçu, à la suite d'un appel à témoin, en chasse dans des champs à mulots de Valempoulières, Rancon, Drachenbronn-Birlenbach, Moulinet, Condé-Folie, Veauchette, Les Bouchoux ou encore Gratibus.

Kid terminait sa tasse de thé et son récit, l'orage magnétique s'était effiloché. Ses yeux brillèrent une fois encore et, s'excusant d'être si bavarde, elle évoqua le soir où, alors qu'elle traversait le parc à la recherche d'un devoir tombé de son sac dans l'après-midi, elle s'était figée : une luciole avait surgi d'un buisson, bien visible dans la pénombre. Cela se passait un bon mois après son retour à la surface. L'insecte lui tournait doucement autour, au ralenti. Elle l'avait suivi des yeux, pivotant sur elle-même d'abord, puis tournant bientôt à son rythme. Leur ballet, suspendu, s'était enrichi d'autres lucioles, issues du buisson voisin, de l'arbre du bac à sable, de la haie du parc, des jardins proches, du quartier et sans doute de toute la ville, tant il y en avait.

Ces insectes étaient devenus rares à l'époque, et ce soir-là il y en avait des milliers ! Le ballet avait duré un temps qui lui avait semblé infini. Kid, prise par le tournis, avait chuté et les lucioles l'avaient entourée, formant une coque lumineuse autour d'elle. Puis elles avaient fini par rejoindre le ciel, s'y incrustant pour former de multiples constellations : il y avait celle du Gibbon, celle du Serval, celle du Marsouin, celle du Manchot, celle de la Montagne, celle du Stylographe effaceur, celle du Microphone et même celle de l'Étoile de mer. Aujourd'hui, les pollutions atmosphériques et lumineuses sont bien moindres et le ciel des villes et des campagnes est redevenu étoilé, mais en 2030 on les avait presque perdues, elles aussi.

« C'est moi la nouvelle représentante de mon espèce et je te dis que ça va changer. »

Kid avait eu la certitude ce soir-là, me dit-elle, qu'elle n'avait pas rêvé, que son lien avec les animaux, elle parmi eux, était désormais indéfectible et qu'elle allait tenir la promesse, ou plutôt la menace, faite au Chat tenu au bout de son bras, dans un sous-sol ravagé, un grand jour de juillet 2030 : « C'est moi la nouvelle représentante de mon espèce et je te dis que ça va changer. »

Et ça changea, d'autres Sommets eurent lieu dans d'autres capitales, dans d'autres villes, puis dans des forêts, des rivières et des océans. Et ça continue de changer, grâce à Kid, grâce à d'autres femmes, d'autres hommes, à d'autres animaux, à d'autres plantes, d'autres champignons, d'autres bactéries, grâce à chaque pépite de vie qui palpite en nous, créatures de cette Terre.

...moi et tous les autres on a vécu quatre jours sous terre, entre nous et dans la même salle, effondrée en plus. On était venu pour écouter les autres et blablater sur la possibilité de laisser une place pour tous sur la planète, mais à cause de l'explosion, on a vécu ensemble, on a agi ensemble, on a partagé le même espace, vraiment, avec nos corps plus bizarres les uns que les autres, même sans lumière, sous la pluie et dans le feu. Ça prouve que

si on a tenu quatre jours en bas, en partageant tout, on peut tenir une éternité ici, à la surface. Alors taisez-vous maintenant. Et agissons.

Kid, *Homo sapiens*, 5e E, septembre 2030.

QUELQUES ANIMAUX PRÉSENTS AU SOMMET DES ESPÈCES

Caracal :

Le Caracal, aussi appelé Lynx du désert, se rencontre en Afrique et en Asie de l'Est. Ses oreilles prolongées d'un toupet, ses marques noires sur le visage, sa courte queue et sa robe sable en font un élégant prédateur. Solitaire et territorial, c'est un fin chasseur aux bonds spectaculaires.

Daman :

Le Daman est un mammifère de petite taille, plutôt rondouillet. Il n'a quasiment pas de queue et possède de belles canines acérées. Habitant l'Afrique et le Proche-Orient, vivant en groupe, l'animal aime buller au soleil.

Dik-Dik :

Cette antilope africaine ne mesure pas plus de 40 centimètres de haut. Elle fréquente les savanes rases, y trouvant feuilles et graines à dévorer. Fidèle et vivant en couple, élevant un petit à la fois, ce mammifère reste bon sprinter malgré sa frêle carrure.

Mara :
Le Mara, gros rongeur argentin, appartient à la famille des cochons d'Inde. Néanmoins, il se rapproche du lièvre, avec de belles oreilles et des pattes arrière plus longues que les pattes avant. Il creuse de profonds terriers dans les savanes de Patagonie, où il broute et grignote en groupe.

Ocelot :
L'Ocelot, félin de taille moyenne, fréquente forêts et prairies d'Amérique centrale et d'Amérique du Sud. Sa fourrure relevée de belles lignes noires et d'ocelles jaunes cerclées a valu bien des déboires à l'espèce. Le prédateur chasse au sol la nuit, mais circule aussi sur les branches des arbres.

Oryctérope :
L'Oryctérope est un mammifère étrange : de belle taille, il possède une tête allongée, un groin, de longues oreilles et une queue qui traîne au sol. Il fréquente les savanes africaines, y chassant les termites à coups de griffes et de langue gluante.

Secrétaire :
Ce rapace est parfois appelé Serpentaire, ou Messager sagittaire. Juché sur de très hautes pattes, il arbore de belles plumes sombres sur la nuque, qu'il dresse à l'occasion. Vivant en couple

dans la savane africaine, il « fait les cent pas » et déloge ses proies à coups de pied dans les touffes d'herbe.

Serval :
Le Serval est un félin africain qui ronronne. Haut sur pattes et pourvu d'oreilles bien développées, il traîne sa belle robe tachetée dans la savane. Carnivore redoutable, il est capable, le crépuscule venu, d'attraper un oiseau en vol.

Tatou tronqué :
Ce petit mammifère à cuirasse, appelé aussi Tatou nain d'Argentine, est rare et vulnérable. Il vit dans des galeries souterraines d'Amérique du Sud, et en sort au crépuscule pour se nourrir d'un peu de tout. Sa carapace rose, posée sur un corps aux doux poils blancs, est du plus bel effet.

TABLE

L'AUTEUR

Gwenaël David est un entomologiste, naturaliste depuis toujours. S'il a fait partie d'un groupe de punk français, Zabriskie Point, et qu'il appartient au collectif cinématographique Othon, il est aussi membre de plusieurs associations odonatologiques (l'odonatologie est l'étude des libellules), collaborant à des articles, études et ouvrages relatifs aux odonates du Rhône et des Antilles. Chez hélium, il a publié l'ouvrage *Chroniques de la Pampa*, sur les animaux rares de l'Amérique du Sud, le roman *L'Incroyable Destin de Quentin Libellule*, ainsi que les deux albums *Le Chien Cornet*, illustré par Amélie Fontaine, et *Mille Méduses*, illustré par Julia Wauters.

L'ILLUSTRATEUR

Simon Bailly est né en 1993. Il est graphiste et illustrateur. Il a suivi les cours de l'École Supérieure d'Art de Lorraine. Son style très particulier – et humoristique – lui vaut de nombreuses collaborations pour la presse ou dans l'édition. Chez hélium, il a publié *Le livre du livre du livre* avec Julien Baer. Il vit à Lyon.

Chez hélium

Dans la collection 9-12 ans :

Robêêrt
de Jean-Luc Fromental

Un garçon nommé Noël
de Matt Haig

La fille qui a sauvé Noël
de Matt Haig

Le Père Noël et moi
de Matt Haig

Florian Bates enquête 1
Alerte au musée
de James Ponti

Florian Bates enquête 2
Mystères au collège
de James Ponti

Baleine rouge
de Michelle Montmouline

Baleine rouge
Michelle Montmoulineix

Delphine, en vacances dans un village de pêcheurs, est intriguée par une étrange vieille femme en train de nager. Désireuse d'en savoir plus, l'adolescente enquête et découvre l'existence du jeune Eliaz, embauché en tant que mousse au bord de *La Jeanne*, un terre-neuvier parti pêcher la morue en haute mer, il y a bien longtemps de cela.

Qu'apprendra Delphine sur le courageux garçon ? Se pourrait-il qu'ils soient liés, tous les deux, à presque un siècle d'écart, à travers leur amour de la mer ? Et cette femme qui bouleverse Delphine, qui est-elle ? Se pourrait-il qu'Eliaz l'ait connue, autrefois ?...

Robêêrt
Jean-Luc Fromental

Les mêêmoires d'un mouton pas comme les autres : un roman d'apprentissage à l'humour très british.

Robêêrt est un mouton, un simple mouton de ferme. Cependant, grâce à sa soif d'apprendre et son sens de l'observation, l'agneau devient très vite l'élève du chien de berger. Devenu la bête noire du troupeau, Robêêrt accède avec soulagement à la Grande Maison, mais se lasse rapidement de son nouveau statut de peluche vivante pour petites filles gâtées. Pas simple, de ne pas être un mouton comme les autres ! Mais l'aventure est loin d'être terminée : de voyages à l'étranger en rebondissements déchaînés, Robêêrt réussira-t-il à changer la condition des pauvres moutons ? Passera-t-il à la postérité… ou à la casserole, comme tant de ses congénères ?

hélium

Pour nous contacter :

hélium

18, rue Séguier – 75006 Paris

Tél. : 01 45 87 99 15

info@helium-editions.fr

Rendez-vous sur notre site : helium-editions.fr

Pour envoyer votre projet de roman :

manuscritsfiction@helium-editions.fr

Diffusion Actes Sud
Cet ouvrage a été composé par Actes Sud à Arles

Imprimé en Italie en décembre 2019
par l'imprimerie Grafica Veneta
Dépôt légal : mars 2020